ハーレーン・アンダーソン

新装版

会話・言語・そして可能性

コラボレイティヴとは？
セラピーとは？

〈訳〉

野村直樹　青木義子　吉川 悟

Conversation, Language, and Possibilities:
A postmodern approach to therapy

Ψ金剛出版

Conversation, Language, and Possibilities

A postmodern approach to therapy

by

Harlene Anderson

First published in the United States by Basic Books,

A Subsidiary of Perseus Books L.L.C.

Japanese Translation rights arranged with Basic Books,
A Subsidiary of Perseus Books L.L.C., New York,
through Tuttle-Mori Agency, Inc., Tokyo.

日本語版に寄せて
アルメニア人のストーリーテラー
ハリー・グーリシャンの思い出

ハロルド・グーリシャン Harold Goolishian、彼は友人たちからハリーと呼ばれ、先駆的なファミリー・セラピストのひとりとして広く知られた存在だった。この本の共著者になるはずだったが、この出版を待つことなく一九九一年に亡くなった。ハリーがいたら、ここに報告した研究や臨床についての内容も、このようではなかっただろう。しかし、彼の精神はこの本の中に生きているし、記載されていることを超えてそのユニークな貢献が読者にも伝わってくるだろう。

ハリーのこの分野における活躍は、一九五〇年代の初期から始まる。彼は当時、テキサス州ガルベストンのテキサス大学医学部の精神科においてマルティプル・インパクト・セオリーの研究プロジェクトを中心となって推進した若い専任講師の一人だった。そして引きつづき、セラピストとして、研究者として、教師として、また改革の先鋒として、トレーニングやカリキュラムに多くの重要な貢献をした。後に同大学心理学科の学科長と医学部精神科の教授を兼任し、三十二年間務めた後、ガルベストン・ファミリー・インスティテュートを私たちと共に創設した。他の大学で教員を相手にも教鞭をとり、いくつかの専門誌の編集委員も務めた。

ハリーという人の特徴は、専門的、個人的、そして政治的な境界線を、時にはとらえがたいほど微妙に、時には情熱をもって、乗り越えていったことにあるだろう。そうすることで、大勢の人を鼓舞し、彼らの生活を豊かにした。彼はまた、自らの理論と実践をたずさえて、広く世界に出て行って意見を戦わせた。教師としても優れた才能があったハリーは、学生たちに対し、人間についてセラピーについて自分たちが持つ基本的前提を絶えず疑うようにと促した。そして、最も難しいケースにおいても変化の可能性がいつも開かれている、と教えた。ハリーのもつ人間的な温かさと創造的刺激が、どんな場合も目を引いたものだ。

ハリーは、いかなる専門性、研究領域、学説など、既成の線引きの中に押し込められる人ではなかった。彼は冒険好きで、いつも崖っぷちに自分を置いた。その立場から、同僚たちを熱中させたり、反対にその前に立ちはだかったりした。彼が対峙したのは、ことの凡庸さ、よどみ、専門的制約、ドグマ、社会的慣習、そしてファミリー・セラピーで支配的になったやり方などだった。

私がハリーを想う時、十一世紀のノルウェーの詩で、'The Words of the Superior One'（賢人の言葉）というのが頭に浮かぶ。

Every man ought to be reasonably wise.

No one should need to be super wise.
Love is seldom in the heart of the man
who is super wise.

誰もがほどよく賢くなければいけない、
飛びぬけて賢い必要はないが。
飛びぬけて賢い人の
こころに愛があることは稀だから。

ハリーは愛情に満ちていた。おなじ人間への、命あるものへの、仕事への、また未知なるものへの、愛だった。ハリーの飽くことを知らぬ知的好奇心、彼の見事な講義、チャレンジ精神、やさしさ、寛容さ、その生き生きとした活力、どこまでも変化していった彼のアイデアとストーリーなど、人の記憶に残ることは多い。ハリーの驚くべき能力のひとつは、他の人は彼といると、支えられ、尊重され、栄誉に思い、価値を認められていると感じられるということだ。ハリーは、「ほどよい賢者」のひとりだった。

その分野に君臨する学説を受け入れてよしとしてしまうことは、それがたとえ彼自身のものであっても、ハリーには嫌なことだった。彼の知的好奇心は、彼を常にこの分野の果てまで歩かせていった。もしハリーが今日生きていたら、この本にあるアイデアや実践のさらに向こうにあるものを探し求めようとして、この本が提供する範囲のぎりぎりの所で、遊び心を発揮していたことだろう。彼はポストモダンの思想が、セラピストの前に突き出すジレンマ、つまり受身に流されないように、懐疑主義に陥らないようにするにはどうしたらいいか、という問題に正面から向き合った。ニヒリズムに陥ることなく、不確かなものの中に身をおいて仕事をする道を彼は選んだ。唯一絶対的な解答がないことがわかっていても、彼は質問を発しつづけ、解答が無いからといって「何でもござれ」では決してなかった。ハリーは絶対的な真実に対しては懐疑的であったが、彼が自ら会話を通して創り上げたことに対しては、無関心でいられなかった。ハリー曰く、「われわれは、自分で創り出し発明した意味については、責任を負う必要がある」

会話に対するハリーの責任感について、また新たな意味を創りだすその能力について、彼の死後、多くの人が語った。ハリーとほんの少し、たわいない世間話を交わしたことで、その人が主体性をもち、新鮮な考えに行き着き、生活を変えるきっかけになったという話を聞くと、心動かされる。そういう経験をした人たちは、彼の温かさを感じたと言い、ハリーはまるで彼らがこの世で一番大切な人であるかのように耳を傾けてくれたし、また何年か後にハリーに出会うと、その人のことやその時の会話を覚えていてくれたと言う。

人々は彼のことを「ファミリー・セラピーでの社会構成主義運動の会長」と呼んだり、優れた才能の持ち主と形容したりしたが、ハリーは自分のことを、「ぼくはアルメニア人のストーリーテラーなだけだ」と言っていた。ハリーは確かに才能に恵まれていたと思う。臨床にまつわる話では人を魅了したし、相手を大切に思い、勇気を与え、柔軟性のあるスタイルで通すことができた。

一九二四年、アルメニアから移住したアルメニア人の父親とアイルランド系アメリカ人の母親の間にハリーは生まれた。少年時代をボストンで過ごし、ミシガン州立大学を出て、ヒューストン大学で心理学の博士号を取得した。メキシコ湾岸にひろがるバリアリーフ（保礁）の島、テキサス州ガルベストンに居を構え、三人の子どもに恵まれた。長女は父親にならって臨床心理学を学び、現在ガルベストンで活躍している。

テキサスおよびアメリカ全土で、ハリーは臨床心理学の専門家たちに大いに貢献した。彼は地域の精神保健の活動にも熱心で、精神病患者や知的障害者のため、その収容施設からの解放運動にも積極的に携わった。アメリカ心理学学会の特別会員であり、数多く賞を授与されている。一九八六年にはアメリカ家族療法学会が、彼に家族療法における先駆的貢献を讃える賞をあたえ、一九八九年にはアメリカ心理学会が、彼を「ファミリー・サイコロジスト・オブ・ザ・イヤー」に選出し、一九九一年には再度アメリカ家族療法学会が、夫婦および家族療法における彼の貢献を讃えた。その時、ファミリー・セラピストのペギー・ペンはその機会に、未知の世界に向けて思索の敷居をまたぐようセラピストたちを率いたハリーの業績を讃え、短い詩をつくった。

“Come to the edge!
No, it is too high!
Come to the edge!

No, we might fall!
Come to the edge!
And we came to the edge,
and he pushed us,
and we flew!"

端まで行こう!
いやだ、このがけ、高すぎる!
端まで行こう!
いやだ、落っこちる!
端まで行こう!
そこで、私たちは行ってみた。
その時、彼はうしろから押した。
すると、私たちは空を飛んだ!

二〇〇一年八月

ハーレーン・アンダーソン

謝　辞

私が初めてハリー・グーリシャンに出会ったのは一九七〇年のことで、時を逸せず同じ専門分野に共同で携わることとなり、私たちの間に友情が芽生えた。そしてその関係は一九九一年にハリーが亡くなるまで二十数年間つづいた。私たちの仕事はガルベストン・ファミリー・インスティテュート（現在のヒューストン・ガルベストン・インスティテュート）をいっしょに創設し築き上げていくことを中心としていた。それは、ひとつにはサイコセラピーの訓練と臨床に貢献するための場を創ること、そしてもうひとつは、私たちの共通の関心事として、理論と実践の両方が依って立てる基礎を探求することであった。そして当時進化しつつあった私たちの臨床と経験に照らして、自分たちの今までの考察や他の専門家たちの認識がそれらと適合するか否かの研究に挑んだ。

ベーシック・ブックス出版社のほうから家族療法の理論と実践に貢献できるものを共著で出してもらえないかと要請を受けたが、ハリーが亡くなった時点ではまだ何も書き始められていなかった。以来五年の歳月の間にこの分野は変化しつづけたし、私自身の考えや実践も変化してきた。ともあれ知的急進派で反主流派だったハリーは、彼自身も生涯に渡ってそうしたように、新しい考えを真っ先に受け入れ、同時に自身の考えや他者の見解に疑問をもち、質問を発し、先頭に立って議論に参加していたであろう。私はそんなハリー対してとても感謝しているし、一緒に研究に携わることができたことを嬉しく思っている。

ヒューストン・ガルベストン・インスティテュート（HGI）とそこでの同僚たち、それに世界中にいる私の仲間たちが、主として私の知的世界を構成してくれた。彼らは私の会話のパートナーであり、彼らの発言のおかげで私の理論と実践は発展し、共有され、疑問を抱かせ、そして広げられていった。このうちの何人かとは長年に渡って会話をつづけ関係を保ってきたし、他の何人かとは、最近あるいは昔に、短いお喋りや通りすがりに会い、話し相手となった。これらすべてが貴重なものであった。私はここで、Tom Andersen、Paul Burney、Diana Carleton、Gianfranco Cecchin、Dan Creson、Anna Margrete Flåm、Kenneth Gergen、Lynn Hoffman、Lerstin Hopstadius、Arlene Katz、Susan Levin、Sylvia London、Susan McDaniel、Einar Øristland、Karen Parker、Peggy Penn、George Pullian、Jamie Raser、Bjørn Reigstad、Harriet Roberts、Sallyann Roth、Susan Swim、Phil Torti と Kathy Weingarten の諸氏に心から感謝を表したい。それぞれの人が、私の論旨が明らかになるよう助けとなってくれ、私に責任を取らせ、かつ私を支え、特別の記憶に残るほどの方法で、自分と他者とについて熟考する機会をもたらした。その他たくさんの人々、同僚、学生たち、そして最も大切な、私が面接室で出会った人々、これらの人々からの質問やコメントや挑戦が私にいかに影響を与えたか、またどんなにそれらを大切に覚えていたか、彼らは知らないかもしれない。セミナーにおいて、ワークショップのあとの評価で、面接の折に、そしてただ話し合っていた場において。私は人を排除するタイプの人間ではないが、ここで名をあげて謝辞を言うべきところを言わずじまいになった方々には許しを頂きたい。

いくつかの会議が開かれた。それらをリン・ホフマン Lynn Hoffman は「移動式大学」と名付けていたが、そこではいろいろな見解が情熱をこめて語られ、あるものは葬り去られ、ある物は刺激を受け大きく芽を伸ばした。なかでも、一九八二年の「エピステモロジー、サイコセラピー、サイコパソロジー」、や一九九一年の「ナラティヴとサイコセラピーの新しい理論と実践」、「ヒューストン・ガルベストン研究所シンポジウム」、「アイリッシュ・チーム・カンファレンス」、ノースハンプトンでの「ニュー・ボイス・イン・ヒューマン・サービス」などはその一部である。なかでも一九八〇年代から九〇年代にかけて開催されたトム・アンデルセンTom Andersenの北ノルウエーでの研究会議の数々は特筆に価する。トムと彼の仲間たちは私にノルウェーへの扉を開いてくれ、思考や実践の幅を広げ、同僚としての意識や友情を育む機会を与えてくれた。Bjørn、Finn、Anne-Grethe、Inger、Ingrid、Ivar、Kirsti、Liv、Magnus、Anna Margrete、Odd、Pål、Sisssel、Steven、Tom、Turidと他にもここに記載しなかった人々に礼を言いたい。ノルウエーでの縁からスウェーデンとフィンランドの同僚とも一緒に仕事ができる恩恵を受けた。KerstinとMatz、そしてEvaと彼女のチーム、それにJakkoと彼のチームにも感謝の意を述べたい。

本の出版に際し、専門的な援助とはげましをくれたLee HerrickとCarole Samworthには特に感謝している。また、ヒューストン・クリア・レイク大学の院生のAnne Andras、Ruth Dillon、とRicka Waldronが作業を手助けしてくれた。

そして、何より私の人生の上での最も重要な「共著者」たち、夫のDavid Shine、妹のCarol Anderson Ramirez、そして私の両親、MarjorieとHarry Andersonに謝意を表す。

序　文

生きていることの最も重要な特徴のひとつに会話がある。私たちは他の人々とまた自分自身とも絶えず会話をしている。会話を通して自分の人生の経験や出来事を形成し、再形成する。意味や理解を創り出し、創り直す。自分の現実観や自己概念を構築し、再構築する。ある会話は人生における可能性を広げ、ある会話は可能性を狭める。可能性が広げられた時、私たちは、主体性という感覚（sense of self-agency）を持つことができる。それは、自分の問題、苦痛、ジレンマ、フラストレーションなど私たちが気にかけ悩むことを言語化できるという感覚、そして私たちが望むこと、つまり自分の夢や意向や行為などが実現されるよう、必要に応じて行動が取れるという感覚である。

哲学者L・ヴィトゲンシュタイン Wittgenstein は、これを可能にし現実化していくプロセスを「局面の変更」と表現したが、それはものごとを異なる見方で認識することであり、生き方、「人生の変更」も意味している。「人生の変更」という表現によって、ヴィトゲンシュタインは「人が自分で自分の人生を変更しようとする勇気への祈り」を込めている（van der Merwe & Voestermans, 1995, p.43)。彼が言いたいのは、私たちが実際内面に持っている具体的認識のことである。日常生活において私たちが人と接し、話し合う様相に関心を持つヴィトゲンシュタインは、私たちがモノの世界よりむしろ出来事の世界に生きていることを指摘した。そこで彼は、モノの本質的特徴をつかんだり定義どおりの正確さで記述する代わりに、「モノやこの世界での出来事の周りを動き、見る場所を変える」ことをむしろ勧めている（van der Merwe & Voestermans, 1995, p.38)。

　行動科学における研究、とりわけサイコセラピーの領域にヴィトゲンシュタインの指摘をひきよせて考えたとき、私が問うてみたいのは、何が可能性のある会話を引き出し、逆に何が可能性を阻む会話につながるのか、ということだ。言語とはいったい何なのか、会話と言語の関係とは何なのか。セラピーという社会的活動の下で、セラピストはどのように相手と関わっていったら、その人が自分の日頃の生活から可能性を実感できるようになるだろうか。どうしたら私たちは、ノルウェーの先駆的な精神科医トム・アンデルセン Tom Andersen が述べるように、これまでに試みなかった方法で、お互い同士あるいは自分自身と話をしたりすることができるだろうか。どうしたら、創造豊かな書き手のペギー・ペン Peggy Penn やマリリン・フランクフルト Marilyn Frankfurt が提案するように、「私は他の人々とどう付き合いたいのか」、また「私は彼らに私とどう付き合って欲しいのか」という質問に応えられる「参加者テクスト」を私たちは創りあげていけるだろうか。そして、どのようにしたら、草分けの家族療法家リン・ホフマン Lynn Hoffman が考えるように、私たち自身が嫌う権威主義に陥ることなく、セラピーについての私たちのストーリーを変えることができるだろうか。

　私は会話の役割というのは、人々を援助することだと考えている――それがセラピーであれ、学習であれ、ビジネス・コンサルテーションであれ。つまり人々が「ものごとに縛られず動ける勇気と能力を手に入れられるよう」、また「はっきりものごとが見えるよう」、そして、主体性を獲得できるように。そのための推進力であり同時に目標となるものが、「対話」と呼ばれる一種の会話と、セラピストとして対話の空間を広げそのプロセスを促進させる専門性としての「哲学的スタンス」である。

この本は現在の私の研究と理論を解説したものだが、両者は互いに導きあい、臨床の実践から生じたものだ。その私の臨床実践は、長い旅のようなもので、継続的なプロセスと変容しつづける仕事でもあり、さらにセラピーや他の仕事の際、出会った人々を理解し援助するための効果的な手段の探求でもあった（Anderson, 1990a, 1990b, 1993, 1995; Anderson & Goolishian, 1986, 1988b, 1992; Goolishian & Anderson, 1981, 1987a）。この本は私自身の考え方と会話への参加のしかた、そしてその中からどんな可能性が生まれてくるか、例をあげて説明するもので、それはなにより私自身の哲学であり姿勢である。

私の試みは、今までのサイコセラピーの一般的言説に対して持ち上がったポストモダンからの批判をさらに押し広げ、ひとつの意見を加えて貢献することにある。これは、セラピーの哲学に関して選択可能なもうひとつの見方を提唱するもので、ひとつのアプローチ（取り組み方）であってモデル（手本）ではない。私は「ポストモダン」という広い意味を含んだ言葉を使うことにするが、その理由はその概念が高い自由度と可能性を示唆するからだ。しかし同時に、どんな言葉でも、たとえセラピーという言葉でも、間違われる危険性を含んでいることも認める。私はこの本を熱意を持って書くが、私の情熱がうっかり頑固な確信のようなものを読者に伝えてしまわないようにと願う。私は私の哲学と臨床実践を、一つの見解として、ひとつの声として、読者に考慮してもらえればと思う。

自分の経験をもとに私は書いていくが、私の臨床が実際どのようなものかを捉えるのは難しい。臨床の場を直接体験し著者のいるところでその核心をつかむ機会、これが記述された言葉からは欠落している。書かれた言葉は直線的であるため、アイデアや経験という非直線的なものを本文の中で伝達するのは困難なことであり、書き手と読み手双方に負担を強いる。著者に課せられるのは、読者を対話に招くような伝え方をすることだ。M・バフチン Bakhtin の言葉にあるように、書き手の責任とは、テクストに出会った読み手が自文化の囲いから解放され、既知の文化と未知の文化の間に架け橋を作って、創造的な理解と新しい意味を生成することができるようにすることにある（Pittman, 1995）。読み手の仕事は、意味を生成し、そこに書かれていないことも誘い出そうという姿勢で書き手との対話に専念することである。この本の読者は私がするように私の仕事を経験したり理解したりはできないから。

私のコラボレイティヴなやり方を説明するため、私は歴史、哲学的エッセイ、セラピーに関する考察、そして臨床の記述を織り交ぜて話している。クライエントや研究者や学生たちの声がしばしば私の意味するところの本質を捉え、さらに私の仕事に新しい息吹を吹き込む。そういうわけで、彼らに自分の言葉で語らせている。私の発言は彼らのそれを包含しているので、自分のストーリーを語る時、使う主語も「私」から「私たち」に移っている。

この本はいろいろな読み方ができる。ストレートに読んでもいいし、理論、臨床、あるいはセラピーの物語の個所を選んで読んでもいい。私としては、この本の場面や意見を読者が自分の経験と重ね合せ、読者自身に有意義な物語を書いてもらうことを勧める。私は自分が行う、あるいは共同で行う臨床や研究を絶えず考察することは大切だと考えている。その結果、当然他の人々の臨床や研究についても考察することになった。私の臨床哲学、実践を読者自身のと、また私のを他者のと比較することで、読者自身の臨床について考える機会になればと願う。私の会話のパートナーとして、読者からの意見、質問、批評、批判を歓迎したい。

目次

新装版 会話・言語・そして可能性

第1章 対話の空間を広げる

理論と実践を行き来して

セラピーの伝統を変える——哲学の実践

これから話をするコラボレイティヴなセラピーは、私の臨床の場での数え切れない会話とセラピーについての様々な会話を通して湧き出てきたものだ。それらは、クライエント、同僚、学生と共に私が長年に渡って、周りと自分に対して自らの経験を語り説明しようと努めてきた過程の産物である。それら成功したセラピーについてと不成功に終わったセラピーについて話し合ったことが、現在の私の見解と仕事に影響を及ぼしている。この過程を眺め直す時、私はいつもセラピーの中核をなすものとして言語、会話、そして関係性の問題に立ち返ることになった。セラピーが成功するとしないでは、その会話にどんな差があるのか。仲のいい友人との食事時の会話と比べクライエントとの初会面談の会話は、何が違うのか。面接時に起きたことが、面接外でのその人の人生にどのように影響を及ぼすのか。クライエントたちが「自由を得る感覚」とか「希望がもてる」と言う言葉で表現するあの「新しさ」はどこから来るのか。それを実現するため、セラピストにできることがあるとすれば、それはいったい何か。そこでのセラピストの専門性とは何なのか。そして、重要なことだが、こうした問題の立て方でいいのだろうか。

自分の経験や疑問についての理論的根拠を追求するうちに、私は次第に近代科学主義的な思考（モダニズム）から遠のいていった。そこでは何かがずれていた。時には意図的だったが、時には思いもかけず、私は自分の経験により適合し、私を自由にさせるポストモダンの哲学に引き寄せられているのに気づいた。大まかな言い方をすれば、ポストモダンの思考が、今日の私の仕事を引き出してくれたきっかけであり、その傘下でこれまでやってきた。ただ、それを越えるものが将来出現するとは思うが。私のやり方は「コラボレイティヴ・ランゲージ・システムズ・アプローチ」（Anderson, 1993, 1995）として知られるようになったが、この本では単に「コラボレイティヴ・アプローチ」と呼んでおく。これらの用語が私のセラピー観を表している。すなわちセラピーとは、「人々が共に協力して関係を築き会話を交わす言語的イベントであり言語的システムである。可能性へ向けて共同で努力していくことである」

私のアプローチを位置づけてみよう。何人かの思想家たち——それも理論心理学、社会心理学、フェミニスト心理学、そして家族療法や臨床哲学などの一流の思索家たち——が、まず科学知識が権威をもつというその論拠を批判する方向に行った。そして心理学上の研究とその理解の仕方に代替となりうる規準を提供した。私は、科学重視のパラダイムへの挑戦を「ポストモダン」と呼ぶが、それは革命的で起爆剤になりうるものの、案外軽視されてきた。ポストモダニズムは、現代の社会構成主義、解釈学、物語論を包み込んだものだ。私は家族療法と心理学の分野でその大変革を目のあたりにし、かつそれに参加してきたが、私の専門家としての成長、アイデンティティ、また臨床や研究上の貢献は、家族療法の分野内での方が遥かに大きいものだった。

一般的なサイコセラピーに関する私の分析と批判、そしてそれに替わる私の見解は、ガルベストン・グループ（正式にはヒューストン・ガルベストン・インスティテュート）で受け継がれてきた伝統に根ざし、そこでの歴史的歩み、活動内容、同僚関係と一体となったものだ（Anderson, Goolishian, Pulliam & Winderman, 1986; Goolishian & Anderson, 1990）。この研究所は、非営利目的でサイコセラピーの臨床、研究、教育訓練を行っている私的機関だが、そのルーツは、家族療法初期の斬新な研究と実践で知られたマルティプル・インパクト・セラピー（Multiple Impact Therapy）（MacGregor et al., 1964）にさかのぼる。ここでの臨床例は、児童相談所、家庭裁判所、女性のためのシェルター、その他社会的逸脱行為（家庭内暴力、児童虐待）としての決定を下す機関など、地域行政機関から委任を受けて紹介されたクライエント、および上手く行かなかったケースのクライエントでほぼ占められている。私はまた、国の内外で講師あるいはコンサルタントとして招待される機会にも恵まれてきた。それらの経験は豊かでユニークなもので、異文化や社会的背景の理解を広げるものだったが、同時に私の実践や思想に影響を及ぼした。

これらの仕事環境には、重要な特徴が三つほどある。まず、現今のパラダイムに疑問を感じ新しい地平線を拓こうと試みる好奇心旺盛な同僚たちとの共同作業。また、教える立場は同時に学ぶ立場だとする教育環境。そして、日常生活や仕事における様々な困難を話してくれた、多種多様な経済的、文化的、民族的背景をもった人々（個人、家族、集団、組織）との出会いである。

ポストモダンの立場から私がこの本で示すコラボレイティヴなアプローチは、以下の哲学的前提に基づいている。

1　人が関与するシステムは言葉を作りだし、意味を作りだすシステムである。

2　現実は、他者とかけ離れた個々の人間の精神過程よりも、社会的行為を通して構成される。

3　個々の精神は人々との接触の中で形成されていく。「自己」は、それゆえ人々との間で、その関係性上に成立している。

4　私たちがもつ現実や意味は、相互作用の中で生じる現象である。つまり、自分や周り、あるいは経験や出来事に対しての意味や現実は、他者との、そして自分自身との会話や言語行為のなかで、創り出され経験される。

5　言語には、何かを発生させる力がある。言語はまた私たちの人生や世界に秩序と意味を与え、社会へ参加する一方法として機能する。

6　知識は、他の事象との関連の上に成り立つ。知識は言語として存在し、日常の言語とその使用から発生する。

これらの哲学的前提は、人間の継続的試みのひとつひとつ、そしてその試みの中で私たちがどのような人になっていくかという点と密接に関わっている。特に臨床では、セラピストとして人間をどう捉え、どう自分の役割を定義するか、また相手の集団、セラピーのプロセス、クライエントとの関係等をどのように捉えて参加するか、という事柄と密接に関わる。これらの前提によって、私のポストモダンの哲学つまりコラボレイティヴな実践は、モダンなアプローチとも、また「ポストモダンの名を掲げる一群」とも距離を置く。そこでは、セラピスト - クライエント関係、その過程、そしてセラピストの立場が、次に示すようなA群の各項目からB群の各項目への連続的移行として想定できる。

(A群) →	(B群)
1　役割と構造によって定義される社会的システム。	1　システムは状況と一体で、人と人とのコミュニケーションの所産である。
2　個人、夫婦、家族を単位として構成するシステム。	2　個人個人が言語を通して関係を保つことで成り立つシステム。
3　セラピスト主導の階層性のある関係とプロセス。	3　セラピストとして、コラボレイティヴな関係とプロセスをもたらす哲学的スタンスを採用する。

4　専門家と非専門家に分けられた関係。

5　セラピストは情報やデータを見つけ集める識者。

6　セラピストは人が人生をどう生きるべきかについて多くの知識を持つ専門家。

7　権威のある知識を重視し、原因究明に焦点を当てるセラピー。

8　セラピストは自分が知っていること（または知っていると思うこと）について確信をもつ識者。

9　セラピストは非公開かつ特権的な知識、仮定、考察をもとに行う。

10　セラピストは戦略的技法に長け、誰にでもそれを当てはめようと介入を行う。

11　セラピストは、他者または集団の中の誰かに変化を引き起こすことを意図する。

4　異なる視点や専門性をもつ人々とのコラボレイティヴなパートナーシップ。

5　セラピストは教えられる立場で無知の姿勢でありつづける者。

6　セラピストは対話の空間を広げ、対話を促進させる専門家。

7　参加者すべてが創造的に寄与することで可能性を引き出すセラピー。

8　セラピストは無知の姿勢で臨み、物事に確信を持たず知識をたえず進化するものとしてみる。

9　セラピストは自分の知識、仮定、考察、疑問、意見について省察し共有しそれを公開とする。

10　セラピストは参加者ひとり一人の専門性を信頼して共同で探究する。

11　変化や変容は、対話の展開とコラボレイティヴな関係の結果として、またそれを通して、自

	然に生じる。
12　人を独立したコアな自己として捉えて行うセラピー。	12　人を言語的に築かれた関係性の中にある複数の自己と捉えて行うセラピー。
13　セラピーは外からの研究者によって調査研究の対象となる。	13　セラピストとクライエントは共同研究者として一緒に「発見」を創造する。

これらの前提がどのようにセラピーの伝統を変えていくことになるのか、そしてその意味は何か。これがこの本の主題である。私の臨床に関する哲学と実践を位置づけるため、サイコセラピーの歴史のうち、とりわけ家族療法の分野で起こった変革について説明し、今日競合しあっているセラピーのパラダイムと実践モデルについて批評を加えてみたい。が、その前に一人の母親のストーリーを紹介する。

「もし私のストーリーが役に立つのなら……」

零下十三度Cの晴れ澄みわたったある日曜日の午後。スウェーデンの空港に降り立った私を、招待者のグスタフとカースティンは丁重に出迎えた。なごやかな挨拶を交わすと、話しはただちに翌日予定しているセラピストのワークショップに移った。ホテルに向かう車の中、話しが急に途切れたかと思うと、グスタフが言いにくそうに尋ねた。「今日の夕方ある家族に会ってもらえないでしょうか」。彼らが望んだことは、その面接のビデオを次の日のワークショップで「教材」として使うことだった。気分よく進んだ会話を壊したくもない。私は同意した。そして家族に電話して時間と場所が決められた。

その前に二時間ほど時間があった。ふたりは私に気を使い、「すこし休みたいですか、それとも何か食べますか」と訊く。十三時間の旅の疲れは仮眠を求めたが、私はいわゆる「何かを前にして無心(poised for action)」といったところだった。この言葉は家族療法家のリン・ホフマンが使ったものだ。そこで早めの夕食を皆ですることになり、町の中心を流れる河に横付けされた船上レストランで食事をとった。その日は「母の日」で、キッチンは忙しそうで注文はなかなか来ない。それで、ゆったりとした時間の中、新鮮な魚料理と茹でたジャガイモを食べた。われわれはスウェーデンのこと、ここの精神衛生システムのこと、そして自らの臨床について話を交わした。私は彼らに、ワークショップへの期待や、参加者からの希望や、これから会う家族が考えていることが何であるか尋ねた。

食事をしながらふと思った。ふたりに私と一緒に家族面接に同席してもらおう。家族は英語があまり話せないかもしれない、私はスウェーデン語がだめだし、ふたりが通訳として助けてくれたら、そしてそれ以上に、この面接と明日のワークショップの橋渡しをしてくれたらと思い、もちかけてみた。もし一緒に居たなら、そこで見たことをワークショップで述べてくれるだろうし、私ひとりの経験より遥かに「濃度の高い」意見を聞くことができるだろう。ふたりはこの申し出に驚いた感じで、家族がそれをどう思うか、また自分たちの役割は何なのか、と戸惑った。家族のことを知ってはいるが、グスタフによれば「ぼくらは彼らのセラピストではない」とのことだ。でも私のアイデアは気に入って採用してくれたので、私はふたりにどんな役割を取りたいか尋ねた。ふたりは話し合い、「家族がいいって言うなら、一緒に部屋に入りましょう。でも、われわれは聴くだけです」と彼らなりの結論を述べた。私から質問してもいいかという問いには、それは結構だという返事だった。

クリニックに着くまでの車中、話はつづいた。その家族は父親と母親、それに一六歳と一九歳の娘ふたりだが、娘はふたりとも二年ほどアノレキシアで苦しみ、姉の方は入院中であることを知らされた。ただ解せなかったのは、何ゆえこの家族が選ばれたかという理由だった。それにワークショップでの「教材」という以外、皆が私に期待しているものは、あるとすれば、何なのであろう。

クリニックの受付に集まった家族は、礼儀正しく真剣な印象を私に与えた。グスタフがひとり一人を紹介してくれたので、私の同僚のふたりが面接に参加してもいいかと私は家族に聞いてみた。そうしたい理由とこれが決定事項でないことも念を押したが、四人全員がかまわないと言った。七つの椅子が円形に並べられた面接室に入り、皆に「思い思いの席にどうぞ」と私が言うと、父親の左側に妹、その右に母親、そのまた右に姉が座った。両親は控えめだが、全員すこし用心しているようだ。ソフトな声で、どこに住んでいて、一時間かけて車でクリニックに来たことなど話してくれる。娘たちの声は、かすれていてか細い、体つきは小柄でこわれそうで、髪はブロンドだった。妹は痩せていたが、姉の方はそれ以上に痩せて生気がない。一目で、摂食障害か他のなにか重い病気を連想させた。私は暗く張り詰めた空気を感じていた。

スウェーデン式の彼らの英語とテキサス訛りの私の英語、この組み合わせはなんとなく奇妙だが、私たちは少しずつお互いのことを知り始めた。私ははっきりと話すよう努め、また注意して聴いた。今日ここでこうして会っている理由を私なりに説明し、彼らひとり一人が何を思っているか、聞かせて欲しいと告げた。私は好奇心とともにこう聞いた。「私たちが知っておくべきことは何ですか。私たちにわかってほしいことって何ですか」。それを聞いて母親がすぐさま「これです」と応えて、ハンドバッグの中からワープロで書かれた二枚の紙を取り出した。手渡たされた紙から、「家族療法はなぜ私たちの役に立たないのか」という大文字のタイトルが目に入る。私はびくっとした、「えっ、これがあしたのワークショップのトピックなの?」。でも次の瞬間新たな考えが浮かんだ、「でも彼女はいったい何を書いて来たのかしら?」。こちらの思いの方が強かった。とりあえず前に進む他ない。長い沈黙のあと、私が尋ねた、「声を出して読んでもいいですか?」

「ええ、どうぞ」と母親が応えた時、あとの三人も同意して頷いた。大文字で太く印刷された文章を、ゆっくり、書いてあるとおり私は読みあげた。

アノレキシアには心理面と身体面の両面があり、二つ同時に治す必要があります。多く食べさせようとするここでの治療法は、娘たちにとって間違った指導や助言であったことが多く、時には意地悪なものでさえありました。そのため、幾度となく症状は悪化し、その結果としてフラストレーション、絶望、諦め、そして苦痛を味わったのです。でも治療はこれらの問題だけを取り上げて、他のことは後回しといった状態でした。

娘たちが感じていたのは、彼女らが意見を言っても受け取ってもらえないし、誰一人話を聞いてくれないということです。また、私たち親を通してでなく、彼女らに直接働きかけようとすることが大事です。もし娘たちにモティベーションをもたせ、病気の危険性を、曖昧でなく具体的に言ってもらえれば、娘や私たちにとって苦痛は遥かに小さかったと思います。彼女らの中の健康な部分に働きかけ、誉めてやって下さい。傷つくようなことを言ったりバカにしたりしないで下さい。厳格にお願いします、それが冷酷でなければ、娘たちは感謝すると思います。彼女らにもプライドがもてるようにして下さい。快復したいという強い気持がなければ治らないと思います。

私たち家族に対しても、もっと柔軟な姿勢で臨んでもらえればよかったと思います。家族全員に話す場合や、誰か一人だけと話す場合があっていいでしょうし、そうする方がずっと適していたと思います。

ふたりの娘が同時にこの病気になったことは、どちらか一人だけがなったのと比べ、その何倍も私たちを困難な状況に置きました。このためセラピストをはじめ医療スタッフは、彼らの治療法が私たち家族に本当にいいものかどうか、何度も考えねばならなかったはずです。私はその点、医療スタッフに謙虚さに合せて創意と工夫があったらよかったと思います。私たちが感じたのは、彼らは一つの学説を持っていて、それがどうであれ私たちに当てはめようとしたことです。そんなわけで、少しだけやり方を変えて大方同じことをしても、それは失敗の連続でした。

つまり、娘たちの声に耳を傾けてみてください、ということです。話し合うことは不可能ではありません。話が通じにくい時は確かにあります、でも試してみるべきで、苦労は報いられると思います。うまく行けば、彼女らの信頼を勝ち得て、治療は成功するのです。

娘たちは信頼できる人と話す必要があると思います。それは彼女らを人間らしく扱ってくれる人です。誇りと正義感をもち、正直で品性のある人です。

親の私たちの言葉も聴いて欲しいと思います。医療スタッフは話を聴くのを拒否はしませんでしたが、ただしそれは娘が一八歳になるまでのことです。それ以降はずっと黙ったままでした。医師は自分が聞きたいことだけ聞き、それ以外は無視するといった風情でした。良くて、せいぜい、触れないで済ますといったところです。なぜかと言えば、私たちの言うことは、面白くなく、ありえなく、くだらないからです。私たち親は無能力で娘たちとその病気にコントロールされてしまっているので、言うことも疑わしいとされるからです。でも娘たちのことは、他の誰より私たちが一番よく知っています。何に反応し、どう感じているか。看護婦や医者より信用できる時があるのです。

私なりに努力してきました。ほとんど失敗でした。他の人もいろいろやってくれましたが、うまくいきませんでした。でも私は、少なくとも失敗から学びたいと思ってきました。しかし医師やセラピストからはそういうのを見ることはできません。

これが全文だ、完璧で簡潔な文章の。私は感動で胸がつまる思いで、「これこそ明日私が伝えたいことだわ」と喉まで出かかった。母親のこの言葉は、伝統的なセラピーの見直しを求める訴えとして、端的にまた見事に表明されていた。それは、セラピーにおける人間関係、つまり私たちがクライエントについてどう考え、どんな話をし、行動をとり、応答するかについての見直しである。こういう訴えは、国と状況が異なってもクライエントの立場から出てくるだろう。私はこれを非難としてとらないし、そう説明しようとも思っていない。むしろ一度立ち止まって考える機会として私は聞いた。この家族の言うことは私たち自身の職場を見ればよくわかる――われわれセラピストは、正しい意図を持って臨むものの、忙しさと周りの期待とで落ち着いてクライエントの言いたいことを理解したり、自分の気持ちを伝えたりすることを忘れがちだ。

読み終えたあと、部屋の中はしーんとして厳粛な空気に包まれ、私は手紙を母親に返しその礼を述べた。そして、書いてあることをもっと良く理解するため、ゆっくりとだが質問を始めた。このセッションはビデオに撮られ、次の日ワークショプでこの母親の言葉について、彼女の訴えと願いを含め、討論が交わされた。

そしてワークショップは終わったが、私は大切な会話がいつもそうであるように、この話もこれで終わりにしたくないと思った。帰国後も、彼女の言葉は私の中に長く残り、自分の中の会話をかきたてる火花のようだった。私は母親に手紙を書き、面接のビデオと彼女の書いたものを他のセラピストに見せてもよいかと許可を求めたところ、彼女はあの面接以来のことを書いてよこし、次のような言葉で結んだ。「私のストーリーがもし何らかの役に立つのなら、それは大きな励ましになります。そして私たちの努力と苦しみが全く無駄でなかったという希望をもたせてくれます」

痛切で目の醒めるようなこの訴えは、私たちの希望でもある。それは、二〇世紀後半、問題の解決と人の成長を促す手段としてセラピーが存在する時代に表された希望である。この母親の経験は、セラピーというこのしきたりについて私たちに再考を迫る。つまりセラピーを、日常生活の領域で経験の「内側」において考えるか、それとも微視的な方法によって解析と修正をする実験室のように、いわば「外側」において見るかという選択を迫るものだ。この言葉にはセラピー、それはまさに人間関係なのだが、それが再検討されるよう願いが込められている、なにをもってセラピーとするかを。

したがって、彼女の訴えは私たちに回答よりも問いかけを促す。私たちはセラピーをどのようにしたいと考えるのか。どんな人間関係に価値をおくのか。セラピストとはいったい何なのか、専門家か、教師か、友だちのようなアドバイザーか、それとも道徳家か。どうしてセラピーは今日のようになってしまったのか。ここで一つ重要なことは、セラピストたちがこの母親の言葉をどう聞いたかということを検討する必要があることだ。たとえばあるセラピストは「この母親は明らかに家族の声を統制している」と確信をもって言う。もうひとりは「娘ふたりとも摂食障害とすれば、これは明らかに近親姦だ」とか、「父親が静かなのに気づきましたか。母親が彼を守っているのです」、あるいは「この手紙はなぜこんなに良く書けているのか?」など。セラピストたちのこのような反応をどう理解していったらいいのだろう。セラピーを人間関係として見れば、家族やクライエントを構成するメンバーは誰で、セラピストとどう関わっているかということと、セラピストとして私たちは誰でその人たちとどう関わっているかということと、同じ問題なのだ。セラピーは私たちの自己物語であって、クライエントが自分を定義し自分のアイデンティティを見つけるように、自分とはいったい誰でどのようなセラピストなのかという問に応えてゆく物語なのだ。人間関係はひとえに自分自身から始まる。これは私たちもクライエントも同様だ。ポストモダンからのセラピーを特徴づけるものは、自己に対する新しい定義と姿勢にある。

第2章　対話のパートナー

〝サブリナ〟と

これはある学術会議の場で私がした公開での面接の出来事で、そこで私はジェーン（仮名）というセラピストとサブリナ（仮名）というクライエントに出会った。彼女らに会うまでは、私はサブリナのことは何も知らなかったし、ジェーンがどうしてこのデモンストレーションにサブリナを呼んだか、また何を問題にしたいのかもわからなかった。ここではその時の会話を思い出し、彼女らの言葉や言い方をできるだけ多く使って書いてみる。読者の方がこれを読みながら、自分の中から湧いてくる好奇心、問いかけ、解釈を持ってもらえればうれしい。

サブリナが到着する前、私は聴衆の前でジェーンと少し話をすることになった。私がジェーンから聞きたかったことは、「なぜふたりはボランティアとして話をしてみようと思ったのか」、「この面接に何をふたりが期待しているのか」、そして「サブリナは、ここで取り上げたいことや自分の希望をかなえるために、私たちに何を知らせたいと思っているのか」ということだった。本人の前で直接訊くことはできたのだが、事前の話、「プレ・トーク」をしてほしいと主催者側から求められていた。

明るくライトを浴びたステージ、二百人が見守る緊張した空気の中、ジェーンは少しあがっていたのか、ためらいがちに話し始めた。

私がサブリナを選んだ理由は、彼女がとても熱心に自分の人生について考え、そこから意味あるものを探そうとし、かつどんなことも新しい目で見ていこうとするからです。彼女の方から皆さんと話をしようということでしたし、ここへ来る都合をつけることもできました。それに、彼女は女優なのでこの場でも大丈夫だろうと私は考えたのです。私たちふたりとも特別なものを期待しているのではないし、ここで起こることに対してもオープンな気持ちで受け取っていくつもりです。皆さんから何か新しい視点や可能性を戴けたら、と思っています。

ジェーンによると、サブリナは二十代後半の女優で最近来たクライエントではあるが、以前他でセラピーに通った経験がある。ジェーンにはひとつ気がかりなことがあったが、それはサブリナと父親との関係で「性的虐待」が考えられたことだった。ジェーンは、それが自分の関心事なのかサブリナの関心事なのかそれとも両者のものか、はっきり言わなかった。ジェーンが聞いたところでは、父親は「彼女に触ったし」、「組み伏せたし」、ある時は「彼女の耳に舌を入れてきた」こともあったそうだ。そして自分の言葉を遮るように、ジェーンは――サブリナとの前の会話のことだが――「性的虐待」というような言葉が自分の口をついて出てきてしまったことは嬉しいことではない、と言った。そこで「それじゃ、あなた方がそのことを話していて、その言葉が飛び出してきたというわけなの」と私が訊いた。このことについてジェーンがサブリナに「ここで話すかもしれない」と言うと、サブリナは「かまわない」と言ったということだった。そんな時、サブリナが到着したという知らせが入った。彼女らが性的虐待をはっきり話題としたかどうかはわからなかったが、どうやらそうでもないように私には思えた。

小さめの別室で私たちはサブリナに会い、その模様が会場にモニター画面で中継された。その部屋には三人のプロのビデオカメラマンとさらに明るい照明が待ちうけていたが、私たちが入って行った時、サブリナはミネラルウォーターの瓶を足元において腰掛けていた。「こんにちは」と言って彼女は微笑んだ。私が名を名乗り彼女と握手した時も座ったままで、気どったところがない。三つの椅子はゆるいカーブを描くよう並べられ、私が彼女のすぐ隣に、ジェーンは私を真ん中にはさんで反対側に掛けた。サブリナは、話しやすく生気が感じられ、身振りを交えて話し始めた。

私はサブリナに聴衆もいるこの場に来てくれた礼を述べ、ジェーンとの手短な会話から私が理解した二つのアジェンダ（議題）について説明した。そのひとつは、どのように私がクライエントと話をするか聴衆が見たいということ。もうひとつは、ここでの話が彼女とジェーンが一緒にやっていく上で何らかの役に立つといいと私も望んでいることだと告げた。「あなたのことで知っていることを言うと……」と私は切り出した。ジェーンが語ってくれた内容と「口をついて出たある言葉のこと」をサブリナに伝えた。そして、もしジェーンが言ったことやここでのアジェンダについて、訂正や変更をしたければどうぞと私は付け加えた。

コメント1　対話が成り立つためには、多様な意見を促しそれらを受け入れるだけの余地が不可欠だ。そこには相手の言おうとすることへの関心と尊敬の気持ちが伴うし、また秘密主義を排し公開性を旨とすることも必要だ。そのため私はジェーンとサブリナそれぞれのアジェンダが何か知っておきたかったし、その点に関する私の理解を伝え、そしてサブリナについて聞いたことをサブリナ自身と共有し、意見があれば付け足すよう言った。その際私は「私たちのアジェンダ」、「私たちの話し合い」、「彼女らふたりでの作業」という集合的な言語を使う。

「私、あなたのこと何も知らないわ」とサブリナが言ったので、私はどこに住み何をしているか話し、「私のことで他に何か知りたいことがあれば」と最後に尋ねた。

「何にもないわ」とサブリナ。

「あなた方ふたりがどうしてここへ来たのかよく知らないし、あなたとジェーンが話してきたことや今日のあなた方の期待が何なのかも、本当のところよく知らないの」と私はつづけた。

「要するに特に何を質問したいわけ？　あなたはたくさん質問したと思うけど」とサブリナは反応した。

「そうね。私あなたに三つ、ちょっと複雑な質問をしたわ」と私。

「どの質問に答えてほしいの？」とサブリナ。

「じゃ、今日あなたがここに来た理由から始めましょうか？」

コメント２　サブリナの質問の仕方が、挑戦的に聞こえたり、主導権争いに映ったり、あるいは一種の性格を表すいい例だと言う人がいるかもしれない。しかし私は彼女の質問を、単にお互いがどのように話をかみ合わせていき、私が彼女のリズムにどうついていくかという問題として捉えた。

「セラピーでのやりとりって、とても魅力的だと思うし、私興味があるの。どんなことが起こるか好奇心を掻き立てられるし。私はジェーンとまだ会って少しだけど、彼女のことを尊敬してるし仕事も立派だと思う。だから、私にとってこの場が楽しくまた役にも立つと、もしジェーンがそう考えるなら、私はそれはきっと来る価値があることだ思えるの。こういうことは得意な方だし、いい『いけにえ』になれると思ったから」

「でも、ここから帰る時にあなたが『いけにえ』のままだったら困るわ、ほかの誰でもだけど」と私は言った。「それじゃあ。あなた方はふたりでこれまでどんな話をしてきたのですか？」

サブリナは話し始めた。「たしか最初ジェーンの所に行った時、私は人間関係を改善したいと言ったんです。そしたらジェーンが『そうね、そのためにセラピーがあるんじゃないかしら』ってね。だからセラピーに行った理由は、恋愛関係でのトラブルからだったの」

「それってある特定な関係のこと？」と私。

「そう、でも全体的にも。それとここ一年ほどセラピーを受けなかったので、また誰か私よりそのことに長けている人と相談する時かなと感じてた。自分としては充分やってみたって感じで、友だちにも相談してきたし」

「前に受けたセラピーだけど、それも人間関係のことだったの、それとも何か他のこと？」

「そのことよ」

「じゃ、人間関係のことで、ふたりはどんな話をしてきたの？」

「私の父親のこと。彼はいい例」とサブリナはくすくすと笑った。

「誰が……（彼女はニューイングランド出身だと聞いていたので、誰がそこに残っているか尋ねようとしたが）」と私は言いかけたが、サブリナが遮った。

「ジェーンがすでに私のことをあなたに話したかどうか知らないけど」

「ええ話したわ」とジェーンは自ら認めた。

「その言葉については、詳しくは聞いてないのよ」と私は言ったが、それは少し前私がサブリナに伝えた「ジェーンの口をついて出た言葉」のことを指している。

「あっそう、まだね、でもジェーンが話すと思うわ」とサブリナ。

サブリナの父親がニューイングランドにいることや他に家族に誰がいるか知った。そこで「じゃあ、ジェーンとふたりで広く人間関係について話してきて、現在の恋愛関係の話からお父さんの話につながっていったわけ？」と私はきいた。

コメント３　自分のストーリーを語る自由さをサブリナに与えていくことがここでの会話の主眼だ。サブリナがリードして進める話にジェーンと私が参加していく三者間のやりとりだ。クライエントが先導していくと、そこには明らかに違った語調やリズムが現れる。ちょっと前、私はサブリナの父親がどこにいるか知りたいと思っていたが、彼女がその質問を遮ったので私は彼女の話についていった。私の質問は、隠れたアジェンダや前提についてではないし、真相を見極めるデータ集めでも仮説検証のためでもない。単にそれはその時の好奇心からであって、その話の中に自分を着地させ、話の内容を把握する助けにするためだ。私は、サブリナが口をはさみ遮ったのを、彼女が主導権を取るためにそうしたとか、話題を回避したとか、否認したというふうには解釈しなかった。父親のことを私に知ってもらいたければ彼女はそうしただろうし、この後自分の家族やニューイングランドでの生活について話した時に、実際そのことに触れた。そうして再び私たちは「性的虐待」という言葉に立ち戻った。

「どっちが（恋愛関係の話か父親の話かが）先だったか思い出せない」とジェーンは言葉を添えた。

「あなたの口から出た言葉が『性的虐待』だったの？」と私はジェーンにきく。

「その言葉、私が最初に言ったんじゃなかった？」とサブリナ。

「私の記憶では、私が一度そう言ったら、それで全てが見え始めた感じ？　つまりお父さんがしたいろんなこと、あなたの十代の頃から何年にもわたって」とジェーンは言ったが、少し困惑気味だ。

「私の方からそれについてはっきり定義してって頼んだのを覚えていて、『それって、そう（性的虐待）なの？』、『そうだったの？』って私が聞いたと思うけど」と、サブリナの記憶はジェーンのと違っていた。

「どちらにせよ、その言葉が出てきたんです」と話の順序はせておき、ジェーンはこう結んだ。

そこで私はサブリナに「じゃ、ちょっと話を戻させてね。あなたは人間関係について考え、それを話す時だと思って（ジェーンの所に）来て、それらについてあれこれ考え、それが何だったのかを見極めようと思ったと思うけど、実際にあなたが経験する人間関係での失望や困難や課題ってどんなこと？」と尋ねた。

「人と親密な関係になってそれにコミットするのが恐い、つまりその中での健康的な独立とか依存とかが難しくて」とサブリナ。

「つまりそのバランスの問題？……みんなそれぞれ違った意味で親密さとかコミットするとか言うけど、あなたにとってのこれらの言葉は何を意味するの？」

コメント４　私は他の人が言うことに対して、わかった、理解した、というふうに思い込みたくない。サブリナが語る内容、そして私に聴いて欲しいことが何なのか、正確に知るようにしたい。

サブリナは親密性についての自分のジレンマを語り始めた。「いつからそういう関係に難しさを感じてきたの？」と私が訊いた。

「覚えているかぎりで、二十一歳の時から」

私はこんな疑問を投げかけてみた。サブリナの友人や付き合っている男性はこの親密性に関する彼女の悩みをどう見るだろうか、と。サブリナは、現在の関係に触れた上でその相手の男性は彼女がこういう悩みを抱えていることを気付いてないと言う。その理由は、彼女が「上手に対処しようと決めた」からだし、その関係では以前と異なる振る舞いをしようとやってみたからだそうだ。そして彼女は、実際自分が思ったより上手に対処するのをみて驚いた、と言った。

コメント５　私は自分の個人的な関心もこういう場で共有したいと思う。それは質問に答えてもらうためというより、クライエントが話したければ話題にするという程度の提案としてだが。

「そうしたら、あなたを思ったより上手くそれに対処させたのはなにかしら？」

「私の意志（will）」とサブリナ。

「それって、あなたの家族にある特徴？　強い意思でもって立ち向かうことって？」
「そうなの」

コメント6　私は、ある一人と話している時、その場にいる他の人がどんなことを考えているか気にしている。話されている会話について、彼らの中で交されている内なる対話はどんなものなのか。その人がその場にいないのなら、私はこう言う。「もしあなたのお母さん（あるいは、お父さん、セラピスト、ボーイフレンド）がここにいたとしたら、私たちの話について彼女はどう言うと思いますか」と。そこで私はジェーンの方を向いて「サブリナが言うのを聞いていて、あなたは何を考えていましたか」と端的に尋ねた。

ジェーンは、サブリナが言う「強い意志をもってする」という部分は知らなかったと言い、驚いた様子だった。また彼女は、サブリナのキャリアについても話し合ったと言った。

コメント7　話はサブリナのキャリアのことへと移っていった。私はそれがセンシティヴな話題を回避させ曖昧にさせてしまうこととは考えなかった。会話は前にも言ったが直線的に進むものではない。あれやこれに触れ、話が行ったり来たりし、ある話では花が咲き、他では盛り上がりに欠け、またあるトピックは再度取り上げられたりする。会話というものが一時一時前に向かって進み、その行き先は前もって決められない。

「そしたら、キャリアを持つことがこの独立と依存の問題と重要に関わっているのね?」と私。

「絶対にそう!」と即座にサブリナは力をこめて応えた。

「構わなかったら、あなたのキャリアのこともう少し話してもらっていい?」

彼女は仕事上での挫折や不安について語り、彼女が「びくびく怖じけた」時のこと、普段は自分に対して自己評価が低いものの、いったん「役を得てカメラの前に出たら」自信があったことなどを語った。

彼女が言いたいことを私が正確に聞いているかどうか確かめようとして、「それって仕事での辛さや失望したりした時のこと?」と尋ねた。

コメント8　私はここで間違って取りたくなかった。

「品物ってこと」とサブリナ。

誤解がないように再度彼女の言ったことを確認しようとして、「品物のように扱われて、人間らしく扱ってもらえない、そういう感じ?」

「そういうことじゃない」と彼女。

コメント9　この辺りで、彼女の仕事のきつさや失望について私が持っていた好奇心が、会話を一時違う方向に向かわせたが、私はサブリナが前言っていたことへ話を戻した。

私は、何がきついことなのかをもう一度理解しようとし、彼女はうまく行った時しくじった時にどう対処していくかや自分の仕事に対する思いを語った。「私はいい品物だから買って損はないはず」と。そして彼女は、十八歳から二十一歳頃になると「いろいろなことが混乱し始めた」ことに触れた。それが彼女にとって人生の最初の転換期となったが、それまでは自分が育ったニューイングランドの村に留まるだろうという皆の予想通り、彼女の行動もそれからかけ離れていなかった。

「と言うことは、周りがあなたにそうあって欲しいと願うのと、あなたが自分でそうありたいと思うことの間での葛藤のような？　そんな言い方で当たってるかしら？」

この話題は私たちを人間関係の問題に再び立ち返らせ、サブリナが自分に対して自己評価が低いこと、それに他者からの要求あるいは要求だと思われることを自分のことより優先する傾向があるという話に返った。周りは自分に強要はしない、でもその人たちを喜ばせたいとは思う、と彼女は言う。このことでまた彼女の父親の話題へと自然に戻った。

コメント10　どんなことを話題にしてもいいし、しなくてもいい。私はそれぞれの話題に価値付けをしたくない。クライエントの話についていくことで、セラピストは行くべきところへ導いてもらえる。その際私は面接が行われている社会的状況がどんなものか知る必要がある、つまり公開でのライブの面接で求められるのは、クライエントとセラピスト双方がお互いを尊重しあうことだ。

「お父さんがこれにどう関係するのか少し話して。あなたの人間関係での葛藤とお父さんはどう関わっているの？」と私は尋ねた。

するとサブリナは、家族のこと、父母の離婚のこと、それと家族の中での自分の役割について（これらは前述の「いろいろな混乱」と関わる）話をした。彼女は家族内の力関係と虐待の問題に触れたが、きまり悪そうに、でも驚いた様子で声を上げた。「なんてこと、私自分で『虐待』(abuse）って言葉使ってるわ！」

「気の進まないことは言わなくていいのよ、あなたが言いたいと思う以外のこと。ジェーンとふたりでもっと話をしてみたいと思っていることかもしれないし」と私は添えた。

サブリナは、話すかどうか決めかねる様子だった。が、この問題はいつも自分と共にあり、しかも自分でどう答えていくかわからない問題であることを認めた。

コメント11　話すも話さないも彼女の自由だ。話すかどうかを決めるのは何で、話すにはどういう条件が揃っていればいいか尋ねることはできただろう。しかし、そういう質問は私が話すことの方に価値を置いていることを暗に示してしまう。そこで私はもう一度前の話を思い出し「強い意志」という点に返ってみた。他者の言うことに注意を向け本当に興味が持てた時、われわれの記憶力は良くなるものだ。その時の会話の中から、または以前聞いた話の中から、記憶はよみがえってくる。でもそれは無理に思い出そうと記憶の中から手繰り寄せようとするのとは違う。

「強い意志とあなたが言ったこと、それもっと知りたいと思うんだけど」と私は言った。この発話は「強い意志をもつこと」が「変化をもたらすこと」にどう関わるかという問題に立ち返らせた。私は彼女の中で人間関係に対して持つ姿勢と職業に対してのやり方に何か類似点があるのではないかと思い巡らした。

面接のはじめで、サブリナはジェーンに助けられているとそれとなく言ったので、私はどういう点が助けになっているか尋ねてみた。彼女はキャリアのことで助言をもらったと言い、オーディションのためにどう履歴書を書いてどう準備したらよいかわからなくて苦しんでいた時のことを話した。サブリナはジェーンに言ったのと事実上同じ言葉で私に対しても繰り返した。「二十八歳、ボストン出身とかなんとか、そういう履歴って、書くことはできるけど、そんなのは面白くもないし、第一私がどんな人物か何も説明してないでしょ」。ジェーンはそれについて、「あなたの側から審査員に知ってもらいたいことはどんなことか」と質問し、こう助言した。それは、彼らが知りたがっていることよりも、彼らに知ってもらうべきだと彼女自身が考えることを伝えるように、ということだった。

椅子に座り直してサブリナは「彼らが知るべきことは、私がすばらしい女優だってこと、どんな役が演じられてどのくらい演技の幅があって。それと私はビジネスのことがわかっているし、売れる女優だということ」と自信ある口調で言った。

彼女は自分が単なるモノではなく、ひとりの人間だという点に戻ったうえで、「年齢や出身といった履歴以外」がいかに重要で、「その場で自分を出すこと」の大切さを強調した。するとジェーンは、人間関係においてサブリナが新しい姿勢で臨んでいることをこう付け足した。「審査員が求めているとあなたが思っていることでなく、あなたが伝えたいと思うことがむしろ大切だから……」

「ジェーンとの取り組みは、あなたの望んでいる方向に進んでいるようね」と私はサブリナに言った。

「彼女の質問の仕方がいいの」とサブリナは即座に応えた。

コメント12　私は、ジェーンの質問についてそれ以上サブリナに訊かなかったが、それは彼女がその具体例をひとつ聞かせてくれていたからだ。代わりに私はサブリナが前のセラピーについて言っていたことを思い出しそれを取り上げた。彼女がそう言った時には私はこのことに再び触れるつもりではなかった。と言うのも、私はそもそも質問項目を頭に入れて面接に臨まない。「ジェーンのどういう点が助けになっているか」という私の質問も、他の質問同様、会話の中の動きとその場の聴衆への考慮から生じたものだ。

「話をちょっと前に戻していい？　あなたがここに来た理由だけど、あなたはセラピーの進み方に興味を持っているって言ったわね。今日このとおり大勢のセラピストが私たちが話すのを観て、やはりセラピーがどう進むか興味を持って観ていると思うの。クライエントとセラピストの間では何が起こるのかとか、クライエントは悩みやジレンマがあるから来るのかとか、解決を求めているからやって来るのかとか。ジェーンとのことであなたが経験したことを話してもらってもいい？　それと以前セラピーには通ったことあった？」

コメント13　ここでも私は最初にしたように多くの質問をしているが、今度はお互いに前より波長が合っていた。対するサブリナの答えも前もって準備されたものといった感じではなかった。

セラピーは問題を持ってくることから始まり、問題の意味が深まって行くプロセス。それは一歩引いてみることで、問題の広がりと浸透の度合いを見ることができる。このプロセスを私がどんな言葉で表現するかは、私の生活全般と関係があるけど、はっきり言葉で表現するのは難しい。セラピストが誰でクライエントが誰でとか、セラピストは私の前にどんなクライエントに会ったとかが影響する。私がどれほど良くなれるかは、セラピストがどんなことができるかやその日のセラピストのありようが影響している。ふたりの関係は疑いなくパートナーシップだということ。

コメント14　サブリナの言葉は彼女が言っていた以前のセラピーのことを想い起こさせた。それで私は彼女に、以前のセラピーの経験をどう言葉にし、そこでどんなことが役に立ち、また役に立たないことはどんなことであったのかを尋ねた。

コメント15　サブリナは、人と人との間でおこる「境界侵犯」という点に自分は敏感だと言い、お互いが「しっくりいく（fit）」ことの、また「結びつき（connection）」の重要性を語った。「自分はパーソナルな質問をするタイプの患者なので」と彼女は言い、そういう質問にプロとして対処できるには、それなりのセラピストでなければならない、と言う。

「自分のセラピストがどういう人か私は患者としてある程度知ることが必要で、そうでないと結びつきを持てない、その人のことを知りたいし、気にしている」とサブリナ。

セラピストのことを学問的背景からでなく、一人間としてどういう人か知ることはとても意味があるとサブリナは言い、それを「仲間感覚（peership）」と呼んだ。

そこで私はサブリナに、ジェーンに対して訊きたいと思う質問があるか尋ねたところ、彼女はジェーンが結婚しているかどうか、その相手との関係はどうなのか興味があると言った。同時に私に対して訊きたいことがあるかとも彼女に尋ねてみた。

コメント16　サブリナの私への最初の言葉「私はあなたのこと何も知らないわ」を思い出してみよう。サブリナが言うとおり、大抵のクライエントはセラピストを一人の人間として知りたがっているると思う。私は彼らに知る権利があると思う。

「あなただって私のことよく知らないでしょ。私が言うことを座って聴いていて、何を頭の中で考えているの、どうやって進めるの？　私の言う言葉を聴いているの、何かに気づこうとしているの？　何を探していて、セッションをどういう方向にもって行きたいの？　聴衆に何を見せたいと思うの？　ここで何をマスターするの？*」

私は彼女の疑問についてすこし話し合ったあと、こう言った、「私はあなたとジェーンのこと、つまり今日ふたりがここへ持ってきた議題のことや何があなた方の役に立つかとかを知りたいと思ってる」。そしてセラピストとして私が大切に考えていることを彼女に話した。

サブリナはこうコメントした、「それって、クライエントと並んで走るようなものね。『さあこっちへおいで、できるよ』（サブリナは引き寄せるジェスチャーで）とか、『そらゆけ、やってごらん』（押し出すジェスチャーで）とか言うよりもね」

*原注　サブリナは、この公開の面接が「マスターシリーズ」の一部であるという事実を引き合いに出している。

サブリナはまた、セラピストが「クライエントのために安心して話せる環境をつくるべきだ」と言い、その時の状況や話の流れが、何をどう話すかに影響を与えると語った。

ここで私たち三人の会話は終っている。が、ひとつの会話が次の会話へと進む架け橋になるように、このサブリナとの会話も、私とジェーンそして学会参加者との会話の中に包み込まれていき、そして将来のジェーンとサブリナとの会話の中に、この学会での会話もさらに包み込まれていく。

私とジェーンは会場に戻った、ガヤガヤしていた。聴衆からのコメントはいろいろで「別に大したことは起らなかった」と言うものから「もし私があなたをスーパーバイズするなら（そのようにはしなかった）……」とか「クライエント主導だ」あるいは「この場全体を配慮し熟練したスキルでことにあった」や「見事だ」と言うものまであった。この公開面接での聴衆の意見はおおむね二つに分かれた、それは私が『性的虐待』を取り上げるべきだったかどうかという点だった。サブリナはそれが話題にならないよう上手に操作していた、と見る人もあれば、その問題を正面から扱う会話に招き入れようとしていた、と見る人もあった。またある人は、サブリナが私に個人的なことやセラピーの方針を質問したりして、彼女が境界を侵犯していたと感じる人もいた。それに対して私は、クライエントには質問する権利があり私には応える責任がある、という私の考え方を述べた。もしクライエントが私の考えていることが知りたいと言った場合に、私はそれを話すことにしている、と聴衆に説明した。

帰りの飛行機の中、よく言われることだが、私は人が同じ出来事を様々に経験するということについて考えていた。会話を見ていた人たちが会話に参加していた人たちとまるで異なる捉え方をした場面が他にもあったと。私としては、ジェーンやサブリナの問題意識を大事にしたかったので、ジェーンの言った「私たちふたりとも特別なものを期待しているのではないし、ここで起こることに対してもオープンな気持ちで受け取っていくつもりです。皆さんから何か新しい視点や可能性をいただけたら、と思っています」という言葉を尊重したかった。そして話の公開性という点、つまり録画販売されるこのデモンストレーションが多くのセラピストたちに観られるという事実に配慮したかった。私はジェーンとサブリナを人として大切に扱いたいと思った。そんなわけでサブリナが話をリードし、私が付いて行った。

次の週、ジェーンからのメッセージが私の留守電に入った。それは、彼女の同僚でこの公開インタビューの聴衆だった人からの次のようなコメントを伝えていた。「サブリナは問題よりも解決を持ってあの場にやって来た。その彼女の解決とは『私は人との境界をしっかりもちたい、でも人と接していたい、そして自分らしくありたい。ハーレーンは敬意を持った接し方で、私（サブリナ）にその解決の具体的なありようを目の前で見せてくれた』」というものだった。

二カ月後、私のもとにジェーンから一通の手紙が届いた。それには彼女とサブリナが次のセッションであの面接のビデオを見直したことが綴られていた。

私とサブリナは、とても生産的だったあの公開インタビューの模様を一緒に見ました。サブリナはあなたに対して対抗意識を抱いていたと言うのですが、それというのもあなたが自分の正面がカメラに写るよう場所を意図的に決めたと思い込んだためらしいです、そうなると彼女は自分の後ろしか写りません。しかし実際見てみると、カメラはサブリナをとても鮮明に捕えています。そこで私たちは、世の中の誰もが彼女や彼女の家族のように対抗意識を持っているのかどうか話し合いました。サブリナはあの面接の後こう自問自答したそうです。「私はなぜハーレーンにそんなに批判的なの?」と。すると「それは私が私自身に対しても批判的だから」がその答えだったそうです。それに気づいて後、彼女は面接を再評価したと言っています。私としても、女優がライトやカメラ慣れしているのはわかるとしても、彼女らが女優でない人たちより遥かにパフォーマンスということを強く意識している点は気づきませんでした。

もうひとつのトピックとして私たちは、私がセラピストとしての境界を超えてしまった（公開の場に連れ出したのだから）ことを話題にしました。ビデオを観た後、そのことを話したのですが、とても有意義でした。あの時あなたは、サブリナが頭の中でものごとをいつも堂々巡りさせていることに触れ、セラピー以外ではさほどでもないがセラピーではことさらもっと考えようとする、という点を問題にしました。それについて私が尋ねると、彼女はあなたとのセッションの数日後、その堂々巡りを止めたと言っていました。

そして六カ月後、ジェーンからもう一度手紙をもらった。

あなたとサブリナのあの面接のビデオを最近、「夫婦・家族療法」という大学院の授業で見せる機会がありました……。あのとおり、サブリナが非常にあなたに非協力的だったことをくやしく思っていましたが、彼女とそのことを話したことで、また別の観点からも見えるようになりました……。サブリナは、あなたと張り合おうとしていたことやあの体験を通じて学んだことについて、クラスの学生に話してもいいと言ってくれました……。学生たちもこれを聴きに来た教官たちも、あなたはサブリナと私双方に敬意と配慮をもってあたったと言っていました。

第3章 はなしの舞台

そっと目をあけてみた
道には光が差し込み、花が咲ききれいだ
それは埃っぽい道、想像しにくいかもしれないが

われわれは自分という道の発見者だなんて、すばらしい
ひとりひとりが、コロンブスだなんて

丘、谷間、やぶ、いばらの茂み、窪地、小川
近道が実は遠い道であることも

こんな旅には何かがある、自由で陽気な何かが

労苦と不便を伴って、たのしい
ロンドンから来た広い四輪馬車で旅するより、何倍も

Life in Mexico: The Letters of Fanny Calderon de la Barca（1894）

臨床に対する見方の変更

私の臨床経験をふりかえると、ポストモダンの思想に興味を掻き立てられ、それに没頭したことが思い起こされる。そこで、私は自分のセラピーの基本姿勢と考え方にそれがどう影響してきたか説明するための話を私なりに書いてみる。私の臨床は、すべて言語を中核に置いていて、人の関与するシステムを言語システムとして捉える。そして、コラボレイティヴに（共同作業を通して）そのシステムに働きかける環境作りを目指している。ここからの話は、私のいわば「口述史」であって、クライエント、同僚、学生と一緒に考え、話し合った中から出てきた私の考え方の推移を述べた物語といえるだろう。

レトリカルな戦略からコラボレイティヴな探究へ

言葉への関心

初期の頃私はクライエントの言葉を（比喩的にも文字通りにも）話すことに焦点をあて、彼らの価

値観や世界観、また言葉づかいや言い回しを学ぼうとしていた。そのねらいは、クライエントが日々使っている言葉で会話し、そこでの言い回しを有効に使うことにあった。つまり、セラピーの戦略として、彼らのストーリーに影響を与え編集を加える道具として、そして変化を導くための協力を得る技術として、学ぼうとしていた。クライエントの使う言葉は、問題の定義、治療目標、介入方法（どんな形の介入であれ）を考える手がかりを与えた。たとえば、誤った考えの修正や誤った解決策の見直しを計る手がかりとなった。クライエントの言葉の中にそのヒントがあれば、セラピーはクライエントにとってしっくりしたものになると私たちは考えた。つまりその結果、（a）クライエントは、セラピストの診断や介入をより素直に受け入れ、（b）抵抗を減らし、（c）セラピーは成功しやすい。この目標に向け、私たちは自分の用いる言語に細心の注意を払った。あたかもカメレオンのように、クライエントの見方や家族の信念に添うようにしてきた。しかし、このような方法で彼らの言葉を学び同調してその言葉を話すうちに、私たちの臨床に転機が訪れた。それはいくつかの変更点であってそれらは互いに関係しあっている。

話に引き込まれる

注意してクライエントの話に耳を傾けると、言われていることに自然と興味が湧いてくる。気がつくと、そのユニークなストーリーに引き込まれて、その人の人生や悩みについて本当に知りたくなっている。私たちは、クライエントの経験する世界に身を置いて理解し、彼らのストーリーから学ぶことに努めた。会話のテクニックとして故意に始めたことが、自然な好奇心となり、気どらないで人と話し、関係をつくる方法となっていった。

「ひとり語」

私たちは、家族の言葉を学習するというより、それぞれメンバー独自の言葉を学習していることに気づいた。家族が一言語を持つのではなく、ひとり一人が言語を持ち、それにははっきり特徴があった。個々の人間が、問題や解決についてそれぞれ描写し、また家族像やセラピー観をもっていた。同じ出来事、同じ家族についての意味づけや説明が、こうも異なるものかと私たちは感心した。この違いは大切で有益であると感じたため、合意のために交渉したり、ぼかしたり、努めたりせず（例、問題の定義や解決策について）、違いがもつ豊かさを保っておきたいと考えた。

これは、家族が価値観や信念やゴール、あるいは家族の歴史を共有していないということではない。もちろんそれらは共有され、家族の結束を固めそれを持続させる要素となっている。しかし、家族はひとつの生物ではない、家族は考えたり呼吸したりしない。一個人が考え呼吸する。したがって、一つの問題、一つの家族、一つの解決に向かって働きかけているのではないことがわかった。

ワン・アット・ア・タイム

私たちは個人とそのストーリーに強く惹かれたので、一度に一人ずつしか集中して話さないようにした。ところが、熱心に一人の人と話を交わしていると、他の人はこれまでにない違った様子で話を聞いていることに気づいた。言ったことを訂正したり、話に割って入ることが少なかった。言われるままにしておくという感じだ。そうなった理由は二つあると思う。一つは、私たちが言葉と態度で、各人が話すことに誠意と興味を示し、言う時間を充分与えたいと伝えたこと。そうなると、話し手は自分のストーリーを必死になって説明する必要がなくなった。聞き手も、話に割って入ったり、訂正したり、付け足したりそれほどしない。もうひとつは、聞き覚えのあるストーリーが、それまでと違った形になり、違う話として聞こえてくるということ。内容は同じでも、部分のつなぎ方が違っていたりする。したがって、話の部分部分は違ったふうに組み合わされ、問題の性格やお互いに対する見方もそれによって変更される可能性を持つ。

ふつうの言葉

私たちはクライエントのことを外で話す時、彼らが言ったとおりの表現で理解しようとしてみた。たとえば、病院のスタッフ・ミーティングや学校でのコンサルテーションでは、クライエントの使う言葉や言い方で、説明しようとした。いつのまにか私たちは専門用語や治療者らしい話し方でなく、ふつうの言葉を多く使っているのに気づいた。言われたとおりの言葉で彼らのことを語ってみると、それぞれの人のユニークさが浮かび上がり、生き生きとした姿で捉えることができる。同僚たちは、私のやっていることやクライエントの状況に興味を示し、その本人にとってそれがどのような世界で、そこで自分自身がどう見えるかという点まで理解しようとした。学生たちは、クライエントがもはや「受動攻撃性人格」とか「双極性障害」とか「過食傾向」といった専門語で説明され診断されるように、無味乾燥で生気を一様に奪われた人たちとしては映らない、と言った。彼らが身近にいそうで生活感のある存在として思えてくる。それは「自転車家族」、「ナプキンレディ」、「田舎服着用の子 - 都会服

「着用の子」と言うように、表現するために彼らが選んで使う言葉で話すことによって、専門用語が作り出す一様性から離れることができる。あるクライエントを取り巻く環境、ある一回の面接、あるセラピスト - クライエント関係、これらすべてがユニークなものとして見えてくる。ふつうの言葉を話すことで、クライエントは人間味を帯びたが、大切なのはセラピストもそうなったことだ。

「介入」の放棄

クライエントの言葉とその意味を中心に据えることで、私たちはセラピストとしての専門性を捨てはじめた。つまり、人はどうあるべきかとか、面接での介入といった専門性を放り出した。斬新で計略として巧みで、ある人にぴったりと思われた私たちの介入も、よく吟味してみると、それは他で一般に言われる意味での介入とは異なることに気づいた。一般的には、面接室の外から一方的にセラピストがその専門知識を駆使して考案したものが介入だ。しかし私たちのは、「介入」したと思っていただけだった。当時介入と呼んでいたことは、その時その場のローカルな会話から実は生まれてきたもので、クライエントも一緒になって作り上げたものだ。介入といってもそれは、その家族独自のありようと調和し、家族にとっても筋が通ったものだった。劇的で見ておもしろくよく考えられた介入も、次第に私たちには、倹約しすぎの、しかも平凡なものに見えてきた。一方、私たちのは「なにもしていない」とか「ワイワイ話しているだけ」とか「ノンディレ（ロジャリアンと同じで非指示的）だ」と批判する人もいる。ある人は「進歩の見えないセラピー」と呼び、またある人は、私たちを「退屈生産マシーン」と名付けた。でも私たちにとっては、セラピーもクライエントの話も以前より刺激的になった。

自分の知識の棚上げ、相手の知識への着目

相手の知識への関心が拡大するにつれ、私たち自身の知識はそれほど重要でなくなっていった。そのため私たちは自分の知識を自然にまた堂々と留保できるようになった。つまり家族はどうあるべきで、話はどう進むべきで、役に立つ話は何で、というような見解やストーリーが私たちの知識にあたる。留保すると言ったが、それはセラピストにとって既知の事柄や理論を、目の前にぶら下げておくといったような意味だ。つまりセラピストとクライエント両者とも、それを認識でき、考察や批判あるいは変更を加えることが可能になることを意味する。私たちが自分の知識を控えれば控えるほど、クライエントの声がよく聞こえるようになり、彼らの専門性が前面に出られるゆとりが生じた。

共同で探究する

クライエントの言葉とそれが意味する世界に入り込み、訊き学ぶ者としての位置づけをするに連れ、私たちはより一層彼らの声に敬意を表し声援を送るようになった。教えてもらうという私たちの立場は、相互的な共同探索へと自然に向かわせ、クライエントは私たちと一緒に問題を考え可能性を探っていくパートナーとしてこれに携わるようになった。セラピーは、一方向的な話しかけから相互の話し合いに移行し、会話の参加者全員で、やりとりに加わり意見やアイデアを出し、討論や質問が交わされた。対話のプロセスとして私たちが想定したのは、二方向的会話であって、セラピストはその場合、言語を道具として使う編集者としてクライエントの物語を書き換えるのではない。セラピストは

言葉や人間関係から新たに生まれるストーリーの共著者の一人にすぎない。セラピーにおける対話の過程とそれを創るセラピストの役目に光が当てられることで、私たちの持ち物、つまり専門知識の存在がかすんできた。

不確定なことの価値

そうなると、セラピーという会話の成果は前もって予測できなくなり、私たちセラピストは不確定な状況に絶えず身を置くことになる。この予測不可という感覚が不思議にも私たちに快適さと自由を与えるのに気づき、この感覚に積極的な価値を見出した。私たちは知らなくてもいいという自由、つまり「無知の姿勢（not-knowing)」という自由を得た（Anderson, 1990b; Anderson & Goolishian, 1992)。無知の姿勢は、クライエントがどう生きるべきかという知識、問うべき正しい質問は何で、最良の物語はどういうものかという専門知識から私たちを解放した。私たちは物知りの専門家でなくてもよくなった。そして、知っていなくてもよいとする余裕が、反対にイマジネーションと創造性を誘発した。無知の姿勢こそ、私のコラボレイティヴな言語システム・アプローチを特徴づける主軸概念であり、他のセラピストたちとの違いを明確にしている。

学生たちの声

これらの特徴に私たちが気づくきっかけは、主に学生たちがもたらした。つまり彼らのコメントや質問によって、私たちは自分たちの仕事を新しい言葉で解説するよう迫られた。学生たちは時々、私たちがクライエントのことを話題にする際、その姿勢が配慮と謙虚さを合せもつ肯定的なものだと述べた。彼らはまた、クライエントひとり一人のことに熱中している私たちを見て驚き、ふつうなら周りから嫌われそうなタイプのクライエントでも、私たちが好意的に感じていることにびっくりするようだった。法的機関から強制的に来させられた人の多くが、初回の面接後も継続して来ることにも驚いていた。そこで私たちのアプローチをどう説明するかという時に、ある学生はこう表現した、「ぼくが面接を見たとして、もし誰がセラピストか知らされていなかったら、誰がセラピストかわかるだろうか」

リフレクティヴ・プロセスと公開性

これら臨床の経験と同僚たちとの意見交換は、当然私たちのチームワークや指導法にも影響した。これまでのチームによる家族療法は大方、上下関係をもつ二つの部分から成り立ってきた。つまり、ワンウェイミラーの向こうのチームは一段上の立場から、「客観的で真実がわかる者」として振る舞い、より正確に早くものが見える人たちとされた。鏡という隔てが、家族のもつ病理や間違った現実観にのみ込まれないよう治療者たちを保護した。また、正しい理解に達するには、諸々の仮説を統合していくための非公開の協議過程が必要とされた。セラピストがどのように会話に参加しようと、彼女はチームの派遣した言わば現場監督にすぎない。チームが最良の考えや仮説や質問を思いつき、家族にもセラピストにも生産的と見込んだことを伝え流すのだから、面接室のセラピストの行為や思考はチームに影響される。クライエントに伝えられることはチームとセラピストがあらかじめ選択したことで、複数の見解が併せもつ豊かさ、つまり家族によって最初出されたアイデアにチームの議論を加えることから来る豊かさなどは失われている。クライエントにできることは、チームが作りあげセラピストが伝えたことを、とるかとらないかという選択のみである。

クライエントの方が、いろいろ聞きたがったりチームの人と直接会って話したいという要求を出した時、私たちは多様性からくる豊かなものをどれほど失なってきたか気づかされるとともに、彼らの興味について前もってこちらが決めることは不可能だと実感した。最初の頃私たちは、セラピストが質問やアイデアを書き出し面接室に持っていくやり方を試みたが、これは時間もかかりめんどうだった。そこで、面接室でチームにセラピストとクライエントに会ってもらい、そこでチーム員は言いたいことを言って引き下がり、あとは家族とセラピストにまかせた。家族は意外なことに熱心になったり、またこれはと思うことを意外にも気にかけなかった。それを選ぶのは彼らの仕事だった。セラピストはもはや鏡の向こうに隠れるチームのお使いではなく、チームの提案について自分から家族と共に真剣になって考えることができた。また家族もセラピストも、チームに対して説明を求めたり決められたことに異議を唱えたりできると感じた。話が全ておおやけになって、チーム、セラピスト、そして家族を隔てていた垣根、つまり理論と専門性によって人工的に造られた垣根がとれた。これで、クライエントも責任の一端を担い、セラピスト - クライエント両者が共同責任をとるという方向へと発展した。

学生に教える際には、二人でチームを組ませ、二人一緒に面接室に入る形をとった。その理由は、ミラーの向こうにいる一人が、中にいる学生よりも状況が理解できているよう振る舞いがちになるからだ。面接室の学生は、ぎこちなく無能で無視されたかのように感じることもあったため、私たちは学生にクライエントの前で自分らの考えを言い合うようもっていった。もし学生が家族なしの方がやりやすいと感じたら、学生同士の会話を家族に要約してあげるようにした。こういう私たちの経緯は、トム・アンデルセンらが開発したあの革新的なリフレクティング・チームの方法と共通するものがある(Andersen, 1987)。他者の人格を尊敬し、多様な見方を許し、セラピストが自分の意見をクライエントと分かち合うところに共通性が見られる。

「家族」、「家族療法」の概念が不用になる

私たちの臨床スタイルが変化するにつれ、「家族」という概念も窮屈になってきた。その理由は、ある人固有の状況や「問題」をめぐって交わされるやりとりの内容と関係なく、誰が何ゆえ面接されるべきかが前もって決められているからだ。そこで私たちは、その場で話を聞いた人たちを中心にして考えることにし、その人たちを、問題をめぐってできあがっているシステムの一員として捉えた。だからそのシステムのことを最初私たちは「問題によって決められる(結びついた)システム(problem-determined system)」(Anderson, Goolishian & Winderman, 1986b)とし、後に「問題を編成し、問題を解決しないで解消するシステム(problem-organizing, problem-dissolving system)」(Anderson & Goolishian, 1988b, p.371)と呼びなおした。面接したり電話で話す相手は、誰が問題をめぐって誰に対し話しているのかで決められ、社会的位置付けつまり親だとか夫婦だとかカウンセラーといった役割によってではなかった。言ってみれば、今日のセッションが次回のメンバーを決めていき、「問題(が

ある限り続く）システム（problem system）」自体の構成員が変化した。私たちは家族全員に会う必要を感じなくなったし、結果的に、個人あるいは家族のうちの何人かと、あるいは集団の構成員の誰かに会うことで遂行された。そしてセラピーを社会的役割や面接に来る人でもって区別しなくなった。「家族療法」の歴史を振り返ってわかることは、この概念が多くの人にとって人間関係や問題に関しての新パラダイムへの移行としてより、特定の社会集団を治療する方式として捉えられるようになったことだ。「個人」の代わりに「家族」が病理の主役になりそこに治療の重点がおかれた。個人療法同様、家族療法も社会的役割をとるようになったが、それは児童保護局や少年裁判所が家族療法を課すようになったことにも見られる。しかし家族以外の社会的システム、たとえば個人の集まり、ワークグループ、同年齢集団のように大きな組織に対して本来当てはまるシステムモデルの応用範囲を曖昧にしかねなかった。私たちが「脱病理」とクライエントの専門性を志向するにつれ、「治療」とか「治療的」といった言葉が邪魔になり、「異常」「正常」、または「生き方を教える専門家としてのセラピスト」等の概念がかえって仕事の妨げになった。矛盾を解決しセラピーに関する古い考え方から出ようとする中で、ただそのやり方や私たちの立場は、相手や人数に関わらず一定なのだが、私たちは「家族療法家」というレッテルを棄て「コンサルタント」と呼んでみたり、やっていることからして「ただ話しているだけ」と説明したりした。

会話のパートナー

一言で言えば、セラピストとクライエントはその時以来、会話のパートナーとなった。つまりクライエントが自身について知る専門性とセラピストが会話のプロセスについて知る専門性が合わさって、新しい理解や可能性につながることがわかった時以来。私たちのセラピーはよりコラボレイティヴなものになり、セラピスト‐クライエントという区分と両者の間の階層性はぼけ始め解消の方向に向かった。これに伴いセラピーとその結果について共同責任が持てるようになった。

臨床への影響

人と人とのコミュニケーションを通して意味や知識が生成されると考える前提に舞い戻ってみよう。セラピーをそこから眺めると、それは一つの社会的コミュニケーションの形態であり、セラピストとクライエントが新たな物語と主体性を共同で引き出せるような環境を作り出す目的をもつ会話だという説明が適当だろう。その対話の中から新しい可能性が見えてくる。臨床家がもしこの基本的考え方に沿ってセラピーに臨むとすると、それはどのようなものになり、どのような特徴をもつだろうか。

この本で私は、サイコセラピーの理論に関する自分の研究と教育から得た枠組みのもとで、その基本となる前提のセラピーへの応用、つまり実践について述べてみたい。セラピーに関する理論は、どんな場合も次の三点についてどう言及するかによって特徴づけられるし、他の理論と区別される。その三点とは、セラピストの位置（therapist position）、セラピーの過程（therapy process）、そしてセラピーのシステム（therapy system）についてどう考えるかだ。「セラピストの位置」とはセラピストが果たすべき役割や意図のことであり、「セラピーの過程」とはどんなことが行われ変化が起こるには何が必要かということであり、そして「セラピーのシステム」とは何を治すのかそして誰がその対象かということだ。この本で言うコラボレイティヴなセラピーを、読者自身のそれ、あるいは他のセラピーと比較してみるのもよい。

まず「セラピストの位置」という問題点。セラピーに関するある理論がセラピストの立場をどう定義し、仕事内容をどう説明し、どう特徴づけるか検討してみることだ。それらの理論は、セラピストがどのように話しかけ振るまい、またその背後にどういう目的があるか説明するはずだ。ある理論の特徴を「位置」の点から考察するとすれば、「セラピストの言動の意図は何か」、「セラピストの専門性はどこにあるのか」、「セラピストの責任とは何か」、「セラピーがセラピスト本人にどう影響するか」、「セラピストは中立でいられるか」、「セラピスト‐クライエント関係はどう説明されるか」、「複数のセラピストが関わるとすれば、その目的は」、「プライバシーや秘密はどう扱われるか」、「何をもって倫理的とするか」等の質問が浮かび上がってくる。

「セラピーの過程」に関しては、その目標をどう定め、クライエントとセラピストのやりとりや起ったことをどう説明し、どの位の期間を想定しているかを見ていったらいい。セラピーの理論には、変化についてあるいはそのプロセスについての考え方が内包されている。つまり、セラピーの目的をどう定義し、その達成に向けて何が必要か説明している。たとえば次のような問いにどう答えるか。「セラピーの目指すゴールは」、「問題をどう捉えどう扱うか」、「変化についてどう考え、どのようにそれを手に入れ、セラピーがどう変化に結びつくか」、「変化が起こったり目標が達成されたと認めるのは誰か」、「どれだけの変化でよしとするのか」、「面接室での話は、その外ではどのように語られるのか」、「その理論にとって、どんな質問が的を得たものと考えられるのか」。これらの問いに理論によっては、大変複雑な説明をするものとそうでないのとがある。

では「セラピーのシステム」を検討するには。ここでは、誰を参加者とみなし、どこまでをセラピーが関わる範囲とし、何を治療するか、というあたりを見ていけばいい。セラピーの理論には本来、参加するメンバーとその参加者が構成するシステムの境界が定められている。誰がいつ面接に来て、誰あるいは何が治療の対象になり、それらを決めていくのは誰か、をその理論が定めている。トム・アンデルセンならそれを「誰が誰に、いつ、どこで、何を話すべきか」（1991）と言うだろう。質問のポイントはたとえば、「セラピーのシステムに入れるのはクライエントだけか、それとも家族なのか」、「セラピストはそのシステムの一員とされるかどうか、もしそうならどの位置から」、「そのシステムには、祖父母や親戚、友人、または外からの専門家は含まれるか」、「クライエントあるいはセラピストの外での人間関係はこのシステムにどう関わってくるか」、「その理論は、同じ地区に住む人々のことや広く社会的政治的背景も考慮に入れるか」。セラピーの理論である以上、このような問題点が重要かどうか示されるだろうし、必要なら説明が施されているはずだ。

第4章　言葉と意味を創り出すシステムとしてのセラピー

構造とは……相互作用のプロセスから付随的に生じたものである。

エリヒ・ジャンチュ Erich Jantsch（1975）

セラピーという言語活動とそれが形成する人間関係は，より広い文化的，社会的，あるいは政治経済の情況，そしてまたセラピーが行われるその場の状況，という枠の中で存在している。他にも枠としては，セラピストが医療従事者かどうか，学位があるかどうか，臨床の場が公的か私的か，あるいは入院か外来かなどという条件も，これに入るだろう。しかしセラピストは，その時その場のセラピーの現状や，広くセラピーについて言われている文化的状況，またはセラピストやクライエントの日常生活の背景については，おうおうにして認識しようとしないばかりか配慮に欠けることが多い。

セラピーは伝統的には、われわれの社会では中流から上流階級の人たちの贅沢であった。しかしここ二十年以上、社会に備わったものとしてセラピーは見られるようになり、状況は大きく変化した。そしてセラピストもその制度の運営に当たってきた人たちもおおかた、クライエントにはない考え方や経験を有した者として特権的に扱われてきた。何が問題かを見極め、どういう治療法が望ましくまた反対に望ましくないか決定を下すには、多くの要因が影響し、たとえばクライエントの社会経済的状況や裁判所の裁定、あるいはその時幅を効かせている心理学理論なども影響を与えてきた。世間からお墨付きを得た専門家としての意見、つまり支配力をもつ意見が、少数派の人々のことを語り彼らのために決定を下す。その少数派とは、女性、貧困層、民族的人種的マイノリティ、宗教的政治的少数派のことであり、その決定の内容とは、セラピーがもし必要なら望ましい治療法は何で、その目的は何か、ということだった。時には知らず知らず、またある時には知りつつも、セラピストは父権的、権威的、階層的なやりかたでクライエントを自分たちに従わせようとしたり、その犠牲者にしてしまう。

セラピーを行う上で、個々のセラピーの背後にある文化とセラピストが働く組織も、セラピーに関わるメンバーの人選にバイアスとして影響を与える。援助組織というのは、公的であれ私的であれ、またそれが地域の精神保健診療所、女性シェルター、あるいは個人で開業するクリニックであれ、セラピストとしての仕事の範囲、つまりその役割を設定している。この役割設定が、誰が面接の場に来るのか、セラピストは治療システムの一員かどうか、そうであればどんな立場からか、ということに影響を与える。それはセラピーの頻度や期間にも同様に影響する。

私の言うコラボレイティヴな言語システム・アプローチは、近代科学主義《モダニズム》に基礎を置く客観性、二元論、普遍的な理論というような概念をサイコセラピーの領域に持ち込むことに対して批判的だ。そしてモダニズムが教えるところの人間集団への関わり方にも、またこういう部分に働きかけるべきだという教えにも反対の立場を取る。ここで言う私の視点は、コラボレイティヴなセラピー、つまり共同作業をするセラピストとクライエントの関係を創り上げる方向を指向し、両者の関係は父権的、権威的であるよりも、より水平的、民主的、そして対等な関係を築くよう促される。このようなコラボレイティヴなセラピーでは、セラピストとクライエントは会話のパートナーであって、両者の間で面接の参加者、セラピーの範囲やその目標を決めていくことになる。

コラボレイティヴに行うということは、問題や悩みに関して、面接以外の場所で誰が誰に話していることがクライエントにとって重要なのか、ということへの自覚も含まれる。私たちはセラピストとして、どんな話題が適し、誰がそこに参加すべきかについて、クライエントたちの考えを尊重せねばならない。面接の場に来てもらう人の人選から、いつ何を話すかについてまで、面接のセッションのたび毎に、話し合いのたびに、随時両者によって決定されていく。この相互性に対する強い自覚が、私のやり方の際立った特徴のように思う。

コミュニケーションが社会を形作る

言語を通して働きかける行為が社会の組織を構成する人的ネットワークを造っていく原動力だ、とする考え方に沿って、私は人が関わるシステムは言語的なシステムである、という立場をとっている（Anderson & Goolishian, 1988b; Anderson, Goolishian, Pullian, & Winderman, 1986; Anderson, Goolishian & Winderman, 1986b; Goolishian & Anderson, 1987a）。

社会的コミュニケーション、つまり言語をとおしての人と人の交わりが、社会組織や文化や習慣を生み出しその形を決めている。人が作るシステムは言語的相互作用の上に成り立つ関係性の網の目である。言語を通して――それは言葉を使ったやりとりだったり、非言語的コミュニケーションであったり、他者とあるいは自分自身との会話であったりするだろうが――私たちは他者と共同で意味を創り上げる。意味とは、人々が相互作用の中から解釈していく過程のことで（Gergen, 1982）、たとえばシステムと言っても、家族、問題と言っても、それは「会話の中でのみ意味が構築され了解可能」ということになる（Shotter, 1995b, p.67）。社会的機構やその構成単位は、人々が自分たちに特別に関わる事項をめぐって関係の中に入っていくことで形成されていく。

この視点から眺めると、セラピーという機構も、関係性の上に成り立つある種の言語的システムであり、そこにおいて参加者が（ここでは少なくともクライエントとセラピストのふたりが）共同で意味を創り上げることになる。セラピーというシステムも、したがって人が関与する他のもろもろのシステムと同様、社会組織からの所産ではない。むしろそのシステムはどんな場合でも、コミュニケーションとして意義をもつこと（たとえば問題）によってできあがり、その意義の内容によって独自の色を持つ。セラピーで私たちが相手にするシステムとは、そういうわけで言語の表現領域での創造物、つまりその中からの産物であり、私たちの記述のしかたの中にあり、私たちの言語の中においてのみ存在している。システムといえども会話を通して進化していく物語であって、それゆえその組織自体に固有な言語と意味を発展させ、その言語を通して問題が解消されるとともにシステムとしてのその姿を消すものだ。

これに対して、たとえばタルコット・パーソンズ Talcott Parsons の社会構造の理論に基づいて人間社会のシステムを考えていけば、人は役割とか構造という見地から社会的に定義され、そしてまた個人、夫婦、家族、地域というように同心円上でしかもサイバネティックな関係にある構成単位として認識されるに至る。パーソンズらのこの考え方はまた、問題を作り出す単位としてたとえば家族というシステムをこちらが任意に句切るという、いわゆる従来の家族療法に見られるものとも違っている。

問題のありかとしての言語

問題とは

人は様々な理由でセラピーに来るが、それは多くの場合、ひとりの人間としてあるいは家族や集団の一員として、もはや話し合いに行き詰まりを感じ自分を見失ってしまう、というところまで来たという理由からだろう。人との対話をつづける能力を失い問題に対処できなくなったこと、つまり自分の才能や自己統制能力に対して自信をなくしたことが大きい。今の自分が経験すること、あるいは自身についての物語やストーリーが、問題に対処できるだけの自由さをその人から奪い、人生を貧しいものにし、個人としての主体性を蝕む。「問題」があるからセラピーに来るとよく言われるが、私は問題という言葉に括弧を付けておきたい。それはなぜかというと、私は問題を「解決」よりも大切なものだという印象を与えたくないからだ、だからこの解決も括弧付きである。「プロブレム・トーク」に対して「ソリューション・トーク」というふうに区別もしない、なぜなら一方が役立つ会話で他方がそうでないとは考えないからである。「プロブレム・トーク」であれ「ソリューション・トーク」であれ、対話的なこともあれば独白的なこともある、したがって大事なポイントは、その話され方にあるのであって、問題志向か解決志向かにあるのではないと思う。「問題」とか「解決」という言葉はセラピーという言説の中で発展して意味をもってきたが、私はあまり好きではない。「問題」と言う代わりに、「ジレンマ」とか、「生活状況」と呼ぶ。また「解決」という言葉についても、私は問題は解決されるよりむしろ解消するものだと思っているので、この言葉を使うのも稀だ。

セラピーにおいては、「問題」が、そこでなにを話し合うべきかという論点を提供する。私たちは問題をもったり意味を付与したりすると言うが、それは言語をとおして調整しあった行動に支えられたもので、社会的に創りあげられた現実以上のものではない。問題とは、事柄や人やモノであったりするが、それは言葉によって説明されるもので、誰かが困ったり、気づかったり、訴えたりすることについて、なにか変更をもたらしたいかあるいはそうしようと試みてきたことを指している。「問題の定義」とは、誰かが採用する立場のことであって、それはその誰かの意味づけの仕方であり、その人の物語である。そして問題は、それぞれがもつコミュニケーションや言語という母体から生じたもので、ひとつ一つがユニークな特色を備えている。

ポストモダンの言語は実証主義とは異なり、問題を、診断に使う用語や分類も含め、誰かあるいは何かが原因で引き起こされる客観的事実として捉えることをしない。そこではまた問題は、個人、家族、職場、コミュニティといったような空間的もしくは社会的な構成単位の内に存在しているとも考えない。これが問題だ、と証明できそうな客観的事実も、それはひとえに記述の産物、つまり社会的な構成物にすぎないと言える。問題とは観察者と一体なのだ。私たちが問題として見ること、たとえば人格障害という病理的パターンを個人や家族の中に見るが、それは問題や家族システム自体の姿、特徴ではなく、私たちが与えたものだ。そしてその与えた記述が今度はそれ自体の妥当性を証明していく。ポストモダンの立場では、問題は――その定義も描写も経験の説明も――流動的で変化して行くものとして見て、問題を固定したものとして見ない。私は、ガーゲン（Gergen, 1982）も言うように、どんな行為も記述も無限に改訂の可能性を持っていることを心に留めておこうと思っている。

問題の定義の仕方はおそらく多様で、そのことをめぐって関わった人の数だけあるだろう。つまり問題について話し合う人々の数だけ、それに対する見方、理解、説明方法が存在し、また問題の原因、ありかた、解決策についてもそうだし、さらにそのためのセラピストの役目という点でも、それだけ多くの見解が存在する。問題は、それぞれがユニークな出来事、経験として考えられるので、それが起きた社会的文脈の中でのみ意味を持つ。葛藤、ジレンマの中に置かれた人は、それがどのように起こり、どういうことについて悩み、誰のせいでこうなり、またどうすべきなのかなどについて、自分なりのストーリーを持っている。そしてセラピストもまたそれらについてのそれなりのストーリーを持っている。

現実感同士の「決闘」

問題は、言語的な立場あるいは出来事として捉えられるが、それはしばしば対立した様相を呈する。問題が何であるかという合意はふつう難しいし、合意されたと思うこともよく見れば相違点が浮き彫りになってくる。ある人が問題としてとることを、他の人が同じようにとらなかったり、全く問題として認識しないことさえある。相手に自分の見解の正当性を確信させようとして、またそれを防衛するために、大変なエネルギーを使うことにもなる。そしてセラピストのところにやってくる頃までには、これらの多様な見方、多様な現実感はお互い相容れないところまできていて、きた人の間で、私たちが言う「現実と現実の争い」が始められている（Anderson, 1986; Anderson & Goolishian, 1986）。どのセラピストもこの「現実と現実の争い」に巻き込まれたクライエントたちと仕事をしてきたと言える。たとえば、自分には問題はないと思っている思春期の子どもがそうは思っていない親をもつ場合、妻は愚痴を言いすぎるもののそれ以上の問題は何もないと考えている夫の場合、あるいは、同僚の間でしっかりしたプロとしてとおる女性が近親姦のサバイバーだったりする場合など。また法的機関が強制するケースでは、児童虐待をしたとして裁判所からセラピーに来させられた親が虐待を否認する場合や、裁判所が命令するような、セラピーを必要とする問題などないと信じている場合などが挙げられる。たとえ彼らが問題があることを認めたとしても、それは他から問題視された事柄とは違う場合が多い。このように自分の意志に反してセラピーに来た人は、しいて言うならセラピーに来ることの方が問題だと考えることもある。私はつくづく思うのだが、なんと多くの人が他者の言う問題のためにセラピーに来させられているとか、そして多様な現実が共存できる空間が欠如しているために、いかに多くのセラピーが袋小路に突き当たってしまうか（Anderson, 1986; Anderson & Goolishian, 1986）。

私は自分のバイアスとして、問題について確固とした現実があるのではなくすべて複数の現実があるという視点で見る傾向を持っている。セラピストは問題の「本当の姿」を知ることはできない。セラピストが知らされる出来事や経験は、ひとつの説明にすぎず、ひとつの言い直しにすぎず、多彩色の中の一色にすぎない。セラピストが問題について知ることとは、あるひとつの説明を、あるひとつの時点で、ある人間関係という文脈で知ることだけであって、固定した真実についてではない。ある人がする説明も、家で友人にする場合、学校でカウンセラーにする場合、面接でセラピストにする場合とでは多少の変化があるだろうが、それは話す場所、話し手の経験、参加者の顔ぶれ、ことの緊急性などのいかんに依っている。

診断という「発見」

サイコセラピーにおいても広く一般においても、診断というものは、生物医学がそうであるように、探究の対象と方法が不変の前提に基づいていることを示している。診断は専門家のための符号としてはたらくが、それはデータを集め不明なものを分析し整理する機能をもつ。類似性や重複が見つかると、問題は、ＤＳＭ‐Ⅳに沿って分類するように、いわゆる欠陥を基にした分類システムの中に当てはめられることになるが、このことはある一つの問題がはっきり存在し、その問題が該当するカテゴリーにはある特有なパターンがあるとする専門家の前提を反映している。そして探偵のような視座でもって、臨床家は現象を探し、認識し、診断を下すという訓練を受ける。もう少し広く見れば、この枠組みでは、言語という表象は正確に対象を描写できるとする前提、つまり現実は観察可能だとする前提に基づいている。

私は、セラピストはひとり別個に「情報を受け取りそれをまとめる者」（Jones, 1986, p.42）とする考え方、つまりセラピストがひとりでデータを集めて診断の分類表にのっとって選り分ける、という見方は棄ててしまった。私の考えでは、問題は、発見されるべき原因というものをもたないし、診断やラベリングや固定化の必要はないし、また解決したり解き明かす必要もない。分類学的なアプローチは、客観的な現実が存在し、そこでは問題は証明可能な特徴があるとする二元的な世界観を拠り所にしている。そしてこの世界観の下ではまた「行動の確定（behavioral confirmation）」といって、この人はこういう人だと信じてしまうことが、それに沿った行動と現実を創り上げていくプロセスに私たちを導いていく（Gergen, 1982; Jones, 1986; Snyder, 1984）。「信じることが見ることだ」とヴォン・フォースター（Von Foerster, 1984）が述べたように、私たちには自分が信じていること、また自分が探していることを見つけるという傾向がある。それに沿って言うならば「信じていることしかわれわれは聞いていない」ということにもなる。したがって結果として、私たちひとり一人のバイアス、価値観、考え方、経験などという意味の地図が、セラピスト‐クライエント双方の考えや行動の範囲に制限を加え、自分からの主体的な動きの幅を狭めることにもつながる。

たとえば、クライエントは診断名をもってセラピーに来ることがよくある。自分の会社のカウンセラーから「強迫神経症」のためのセラピーを勧められ、「この問題を何とかしなければ、妻が別れると言っている」と訴える男性。あるいは、最近盗難にあったがそれを乗り越えていけるか、あるいは自分は「共依存」ではないかと心配でセラピーに来る女性。「強迫神経症」にせよ「共依存」にせよ、クライエントの使う言葉はセラピストになにかを想起させる。それは学問的ななにかだったり経験上のなにかだったりするだろうが、いずれにせよセラピストとしてクライエントをどう受容するか、どのような姿勢でクライエントと会いどのように相手のことを知っていくのか、ということに影響するだろう。このように診断名から想い起こされる知識は、常にある程度あるものだが、クライエントやその問題に対処する際、それが多くの可能性の扉をセラピストみずからが閉じてしまう方向に作用する。前述のふたりの自己診断を、ただ「個人療法」の問題だとして聞き流せればいいのだが。

問題というものが、もしコミュニケーションに巻き込まれた当事者がそう呼ぶものだとすれば、伝統的な診断学はほとんど役に立たないということになる。私は、カテゴリーとしての問題――たとえば、精神疾患、アルコール依存症、性的虐待など――が一定のものであると考えたり、これらの多元的な症候群が単一の説明で片付くというのは、明らかな誤りだと思う。ハリー・グーリシャンが私と批判的に書いたものにこういう件りがある（Anderson & Goolishian, 1988b）「セラピストは最終的には、問題に対して自分の描写と自分の説明に行き着くにすぎない。言うなればクライエントの行動について自身の個人的観察と臨床経験から診断名に到達するのだ」（p.389）

ここで私が力説したいのは、視点の転換、つまり個人や家族や集団という位相でもって、あるいは疾病の分類というカテゴリーでもって、人が関わるシステムや問題を考えることから離れる必要があるということだ。近代科学主義にありがちな普遍性の追求は、出来事やそれに関わる人たちの持つ複雑さ、豊かさ、そして独自性をおおい隠してしまう。私はよく「児童虐待をどうやって治しますか？」とか「摂食障害の子に対してはどうするのですか？」と尋ねられるが、これらの質問は、カテゴリーとしてとらえる問題には一律の共通性がある、という前提で話をしている。このことは、治療の対象は社会的なシステム（個人、家族、夫婦、集団）であって、治療によってクライエントが属する上位システムのもつ欠陥（疾病）が治されると信じているセラピストにとっては、このような視点の転換は不快感を覚えさせるだろう。いったんセラピストが、上位システムの中に下位システムがあるとする考え方を訓練され、欠陥というものを「心理学の虫眼鏡」を使って探知し、病理を根絶する処方箋に馴染むと、それら以外のことを想像したり観察することは困難になる。たとえば、「アルコール依存症の親を持つ家族に育ったアダルト・チルドレン（ＡＣＯＡ）」であるとか、「共依存」であるとか、「境界性人格障害」であるとか、あるいは「機能不全家族」というものを見つけるとしよう、または「児童虐待」、「精神分裂症」、「未分化な自我」などを治療するとしよう。その場合、診断学は臨床家とクライエント双方に、正当性、自信、それに予測の可能性という感覚をあたえる（Gergen, Hoffman & Anderson, 1995）、つまり社会的な目的を果たす役割としてはたらく。ひとたびこの診断の分類学に基づいた治療ガイドをいっぱい詰めこんだ「道具箱」をセラピストが手にしたら、コラボレイティヴなアプローチに見られるように、不確定性を許しすでに親しんだものに対して疑いを抱いていく姿勢は、不安を招くことになるだろう。

私はここでシューン Schön（1983）が以前問題にしたが見過ごされてきた「問題設定プロセス」という考え方に賛成したい。彼の言うこのプロセスの重要な役割とは、「相互の会話をとおして、私たちは話す事柄に『名前をつけ』、それを話す状況を『作り変えていく』」というものだ（p.40）。この「名づけ」「作り変える」というプロセスいかんによって、問題に対して解答が与えられるかどうかが決まっていく。要するに問題をもった状況が対処可能なひとつの問題に変換されていくのか、あるいは対処不可能なものになっていくのかということである。コラボレイティヴなアプローチが目指すところは、空間を設け、対処不可能な状況あるいは物語を、対処可能で発展の可能性をもったものへと変換していくことにある。私の経験では、いったんこの方向へ動き始めると、問題は次第に解消へと向かう。

関係性システムとして

同時にいくつもが重なり合う関係性システム

人は複数の互いに重複した人間関係のシステムの中で生きている。私はそれらのシステムを水平的に捉えるが、そこでは会話をとおして同時に複数のそれにまたがる共通のメンバーができていく。この水平的な見方は、階層的にシステムを捉えるのとは大きく異なる、つまり上位システム（たとえば、児童保護監察局、女性シェルター）が、下位システム（たとえば、夫婦、家族）をその中に包んでいるとする見方とは対照をなす。水平な関係にあるこれらのシステムの間では、似たような現実感を共有する場合もあれば、そうでない場合もあり、また相互に依存関係にある場合もあれば、それぞれ比較的独立した場合もあるだろう。これらのシステムはおのおの異なるアジェンダと私たちに対する期待感を持ち、私たちもまたそれらに対して期待感をもつ。私たちが同時に関わるシステムの中には、長く持続するシステムもあれば一時的なものもある。セラピストにとっては、臨床やトレーニングの場、資格認定の協会、それに日常生活の人間関係などが、言ってみればこの関係性システムにあたる。

セラピストを目指す人、より良いセラピーを志す人々と仕事をする関係上、私は時々他のセラピストの面接に役割を持って立ち会ったり、また私の面接に他のセラピストが参入したりすることがある。この役割は普通、コンサルタントと言うべきものだが、これを私は「訪問セラピスト（visiting therapist）」と呼んでいる（Anderson & Swim, 1993, 1995）。訪問セラピストは、他の人がする面接の場を訪れる客である。

「フレッシュな見方」をしたい、面接を「見てみたい」

ある家族研究のグループが研修会を行った折、一人の男性がハリー・グーリシャンにある家族との面接のコンサルテーションを願い出てきた。彼はコミュニティが運営する精神保健クリニックでその家族の相談に乗っているセラピストだった。その時の私は、会の参加者同士のディスカッションを促す役目で、上で述べたいくつもが重なり合うシステムの問題と訪問セラピストのことに関係しそうな事柄を家族の面接の内容から取り出し参加者と共有しようと思った。

そこで私はそのセラピストに、今日の面接（コンサルテーション）に対する彼の期待、そして予想できる家族の期待について、ハリー、私、そして参加者たちに話してくれるよう言った。同時に、その家族のことと彼がしてきたセラピーについて、私たちが知っているべきことがあれば、それは何かとも尋ねた。二つのことを期待していると彼は言い、その一つは、このケースについて「フレッシュな見方」をしたいこと、そして二つ目は、ハリーの臨床の面接を「見てみたい」ことだと告げた。彼は家族やハリーと共に、自分も面接室に入ることにした。

この「家族」には彼の説明によると、父親、分裂病と診断され精神病院を最近退院した十九歳の息子、十八歳の息子、そして二十代の彼らの姉とその三歳になる女の子がいて、この人たちが全員父親の家に住んでいた。セラピーは「基本的にはうまくいっている」とセラピストは言ったが、唯一の問題が、家族が、中でも特に姉が「弟が良くなってきていることを認めようとしない」ことだそうで、その姉はセラピストに「敵意を抱き」、弟とセラピストの双方に「いろいろさらなる要求を迫った」。セラピストによるとこの姉は、弟への心配とセラピーに対する非難で、「執拗になり、しかも金切り声を上げる」ということだ。また彼女はクリニックの所長にまで不満を述べた。

このセラピストが、家族とこれまでのセラピーに関する必要な情報をくれた後、私は彼の同僚たち（私と共にワンウェイミラーの向こうで参加する人たち）にも印象を語ってもらおうと思い、その人たちを招き入れた。このケースの話に興味をかきたてられた同僚たちは、コンサルタント役のハリーが面接する際役立つようにと、コメント、批評、助言をたくさん出してきた。この人たちの中には、彼のスーパーバイザーでもある精神保健クリニックの所長も含まれていた。

セラピストは、この弟の今までの回復とそのレベルを維持していくには、「家族」からのサポートが不可欠だと考え、「家族」の全員をこのコンサルテーションに招いた。本人とその弟それに姉とその小さい娘が着いた時、父親は今「車を駐車しているところだ」という言葉がワンウェイミラーを隔てて聞き取れた。しかし父親が実際現れたのは、それから一時間近く経っていたため、その言葉の意味がミラーのこちらのわれわれにはよくわからなかった。ハリーはこのことを表立って取り上げなかったし、自分から進んで推測しようというふうでもなかった。彼は巧みにしかも自然なかたちでその父親を会話に引き入れた、それはあたかも、名シェフがさっくりと生地の中に卵白をまぜ込むのに似ていた。

父親が着くまでの時間、兄弟たちは亡くなった彼らの母親のことを話した。何年も前に亡くなっていたが、この母親の暴力は娘（ここでの姉）に影響を与えたと言う。もう一人の妹の話も出たが、この妹も弟に似た問題を抱えていて、二年前列車への飛び込み自殺で亡くなったそうだ。亡くなったふたりの家族も、現在の問題システムの重要な構成員である。また三歳になる孫娘の存在も大きいと家族は述べたが、これは家族にとって自分らの問題を考える上で重要なことらしい。

さて私たちがコンサルテーションの場で出会ったいくつかの関係性システム、つまり重なりつつしかも変化し、時に連続性をもったこのシステムとは、いったい何を指しているのか、また誰のことなのか。他にもあるだろうが、同居している家族、家族とセラピスト、セラピストと彼のスーパーバイザーであるクリニック所長、研修会の仲間たち、そして私たちとその研修会のグループなどが挙げられる。これらのシステムはそれぞれ独自の問題意識とアジェンダをもっていると言えよう。

この日が終わり、関わり合った関係性システムは解消された。研修会の議論はつづいたが、この家族のことは話されなくなっていた。セラピストは家族と話し合いを持ちつづけたが、その全員とというわけではなかった。セラピストと彼のスーパーバイザーは、この家族について話す必要を感じなくなっていた。ハリーとセラピストはその後も接触をつづけ、この家族を検討するカンファレンスの場で話し合った。

これは簡単で当たり前にしか聞こえないかもしれないが、困難なケースに遭遇したとき以外は、私たちはこのことを忘れがちだ。つまり、家族というシステムが、セラピーに抵抗したり妨害したりすると言って、私たちはこれを責めたりすることがある。しかしそれは上位システムがその下位にあるシステムに対して問題の原因となっているとする「タマネギ式理論」に陥ってしまうことであり、不幸にも、家族というものを問題の原因と称する傾向をますます強化してしまう。

関係性システムの一つとして家族を見る

私は、一つ固定したものとして家族を想定していない。家族は個としてあるのではないし、一般社会と関係が希薄な世界に存在するものでもない。私に言わせれば、家族はコミュニケーションによって構築された一つのリアリティである。その結果、家族の成員の数だけ「家族」があるし、セラピストが定義するのもまた一つの「家族」ということになる。これは、家族に価値を置かないといっているのではない。家族はどんな意味でも私たちすべてにとって大切であり、ひとり一人の存在とアイデンティティに大きく関わる。その親しさの中で私たちは生活している。しかしここで強調したいのは、家族の成員たちは、その中で果たす役割や家族である理由も含めて、独自の経験、記述、説明をもっているという点だ。

ある家族をその母親が見るのと父親が見るのとでは違うし、セラピストから見える家族像もまた違う。セラピストは面接室で一家族に会うのだが、セラピストが出会っている家族とは、セラピスト自身が「知覚」したところの家族、つまり個人的、職業的偏見を通してみた家族だ。家族の姿を多元的に捉えることで、セラピストが会う家族というのは「どの」家族かという当然の疑問が湧く、それは母親のか、父親のか、紹介者のか、それともセラピストのかという疑問だ。

「家族」というものを想定するのは、その位相（トポロジー）や分類（カテゴリー）を考えるのと同様、わかり難さと落とし穴を伴っていると私は思う。そういう思考は、誰がなぜ面接されるべきかを前もって決めてしまうし、その人たちのユニークさやお互い同士が、あるいはセラピストと共に、問題についてどんなコミュニケーションを図ったかなどは考慮に入れられない。「家族療法」という言葉は、精神保健の領域で大変よく知れ渡ったが、それは家族というものが存在し、それに特有の治療法があるという幻想を創り上げてしまった。また家族療法への人気が、「所有権」争いも生んだ――誰が診断し治療する資格を持つか、誰がファミリーセラピストを訓練する資格を持つかというものだ。私はこの「所有権」にまつわる議論は空しいものだと思う。

「家族」と「家族療法」という言葉は、人の関わるシステムやその問題についてのパラダイムの転換としてよりも、ある一つの社会的集団を治す治療法のことを意味するようになってしまった。こういう考え方は、関係性システムとしてアプローチできる応用範囲――たとえば個人のあつまり、職業グループ、同年齢グループ、それ以上の大きい社会的システムなどへの――つまり家族以外への応用の可能性をぼかしてしまう。

社会的あるいは文化的に見て、今日「家族」と言う言葉が単一の意味をもち得るとは言いがたい。家族が血縁の有無に関わらず、規模、形態、種類において多様であるため（Goolishian & Kivell, 1981）、この言葉は複数の、しかも幅をもった定義を必要とする。この言葉を社会的なグループにまで当てはめるかは別としても、家族は一つ一つが独自の姿を現している。精神保健の分野では、歴史的には「家族」は父親、母親、子どもというような伝統的な構成単位で捉えられてきたし、家族研究や家族療法でもこれを元に家族システムを考えてきた。その後社会科学の領域で、伝統的家族からの変形としての、一人親の家族、義理の親子関係、三世代家族などが研究対象となり、そしてさらに血縁や結婚でない形で結びついた家族――会社というファミリー、同性のカップル、ファミリーとして暮らす友人同士――が研究の対象になったが、それらの報告からはこのような「家族」があたかもバリエーションとして理解され定義されるのが可能であるかのような印象を与える。われわれの家族像はドラマチックに変化しつづけていて、何をもって家族とするかに関して多種多様な見方が出始めた。残念ながら心理学理論の多くは役割、構造、組織という考えにいまだ立脚していて、この変化に追いついていないし、それらの新しい現象を扱う余地がない。それとさらに、研究者による家族形態の定義には、一般にあるステレオタイプ、偏見、スティグマ、価値観などが埋め込まれている。そのため、家族という「個人の集合」をひとり一人が異なる定義を持った関係性システムとして見ることができないクライエントとセラピストにとってこういう定義からくる影響と制限は大きい。

ポストモダンの観点からすると、セラピストとして私たちは、相手が一個人であろうと家族と呼ばれる人間の集団であろうと、それが常に「社会的に構成され、多様で変化する記述や説明」であるとして仕事をする。したがって、一方でセラピストは、家族を考える上で基底となる考え方自体が社会的な構成物だという点を踏まえて、いろいろな家族像と相対することになる。もう一方ではしかし、人々が参加する言語システムという点を踏まえて、セラピストは「家族とたまたま呼んでいる人たちの関係性自己」とも相対している。こう捉えることで、（疾病などのカテゴリーではなく）一人の個人が面接室に入ってくることになる。ここで強調したいのは、古典的な意味での個人ではなく、「関係性においての個人」という点にある、つまり言語を通してまたその中で自分の考えや行動のバランスをとっていく個人である。言うならば、家族は自己完結的な個人個人のあつまりではなく、動きのある関係の中に身をおく対話的個人の組み合わせとして考えられるべきだ。

社会構造に基づいたセラピーがすたれ、個人療法、夫婦療法、家族療法という区分けがどうでもよくなってくるとすると、右に述べた考え方が目指すものは、大きな問題をはらみ論争の的になるだろう。また、モダン（近代科学主義）とポストモダン（近代科学主義以降）のセラピーとの違い、あるいはポストモダンのセラピーの中での相違もまた、浮き彫りにされるだろう。これらの違いは私には重要な意味を持つ。

問題システム——問題を通してつながっている関係——

セラピーをすることで私たちが遭遇するシステムには、どのような特徴があるのだろうか。問題というものは、言語の世界に住みその中で息づいている。問題という領域での言語行為あるいはコミュニケーションが、一つの社会を形成する、つまり問題がシステムを創り上げると言える。問題はまた、そのシステムがどのような規模のものになるかも決める。ハリー・グーリシャンと私は、このように問題についてのコミュニケーションに関わる一群の人たち、つまりこのようにして成立した社会的単位のことを「問題システム」と呼ぶことにし、「問題によって決められ、問題を編成し、問題を解決せずに、解消するシステム」と捉えた（Anderson & Goolishian, 1988a; Anderson, Goolishian, Pulliam & Winderman, 1986; Goolishian & Anderson, 1987a, 1987b）。人は生活の中で問題とみなしたことを言語化するが、私たちは、問題システムというものを、そういう言語化に伴う社会的行為の体系（システム）として考え始めた。問題そのものがそうであるように、問題システムもまた言語の世界に存在している。セラピーにおけるシステムも構成員も、常に何らかの問題をもとに結びついているので、コミュニケーションを通してセラピーというシステムを組み立てることは、相互の関係つまり問題の捉え方によってその方法が決定されていく。

今日の社会学や心理学と私たちが対照的なのは、個人、夫婦、家族、または大人数の集団そのものが、問題を作り出すとは信じていないことだ。システムと言ってもその構成員は、組織の内容または個人とか家族といった社会的役割によって決定されるのではない。セラピーと言うシステムはそういう線引きで作るとは限らない、つまりその構成員は、家族の一人でもいいし、一部でも全員でもいいし、家族外の人でもいい――親しい友人でもいいし、他人に近い人でもいい。問題に強い関心のある人と問題を解こうと努力している人が一緒になればいい、と言ったところだろう。

「問題システムも一種の関係性システムに過ぎない」。問題システムとは、自分または誰かの行為によって「今ある人生のいくつかの物語（自己物語および物語的説明）の間の壊れやすいバランスが脅威にさらされたことを意味する」（Gergen, 1994, p.209）。なんらかの理由によってそのデリケートなバランスが崩され、こうなると、ある人ある出来事にまつわる多様な物語が今や、必要な資源と可能性を運んで来なくなる。

私たちは、関係性に基づく言語システムという見方をして、客観的なリアリティに対して個人が経験するリアリティというような二項対立の図式は採用しない。そのためセラピストは、外側からの観察者にはならず、問題システムへの参加者となる。従来のシステム論に基づいた家族療法でも、確かにセラピストはそのシステムの一員とされるが、その場合セラピストは一段上の立場に位置し、階層性を想定している、つまりセラピストにはクライエントにない専門性があるとされる。先ほどの二項対立的図式の否定には、この階層性という考えから自由になるという意味が含まれている。セラピストは、外側に位置する専門家ではない。

セラピストが問題システムの誰かとなんらかの接触をした時、たとえば予約の電話をしてきたクライエントと、またはその紹介者と会話を始めた時点で、セラピストはそのシステムの構成員になる。時には実際の会話に加わる前からセラピストはその一員になってしまう。たとえばセラピーを始めるか否か、もし始めるのならどのセラピストの所へ行くかなどは、セラピストのいないところで決定される。その際、システム内の人たちがセラピーやセラピストに対して抱いている期待や考え方によって、つまりすでにある偏見によってセラピストは影響を受けることになる。

「以前の彼女とは違う」

このような時には、夫や妻あるいは親戚か友人の誰かが、その当事者にセラピーを勧めることになり、セラピストはこれに巻き込まれていく。その例として。ある男性が家庭医に妻のことで相談した。この男性によると妻は「落ち込んでいて」「冷たく」「以前の彼女とは違う」ということだった。男性は妻がセラピーに行くべきだと考えた、そして家庭医がセラピストに電話を入れた。彼は妻に医師と相談した事実を話し、会ってくれるというセラピストを紹介した。妻は予約どおりセラピストに会いに行ったが、セラピーにはあまり前向きにはなれないし、そこに来た唯一の理由は夫の気を和らげるためだと告げた。彼女が言うには、夫が何といったかは別として、彼女自身落ち込んではいないし、セラピーも必要としていない、とのことだった。彼女には、夫が落ち込んでいると形容したことについて、まったく別のストーリーがあった、それは彼女が新しく関わった地域の活動グループからの影響だということだった。夫や家庭医の眼を通した知識でのみ彼女を知るセラピストに期待できることが何か、彼女の対応はそれを物語っている。

この話は、関係性の中でいろいろな自己イメージが人々の間で制作されていくいい例だと思う。どの人も、一個人というよりも、複雑に絡み合う関係性として表されている。この妻のストーリーは、人間関係についての物語であり、夫や家庭医のそれとは異なる物語であったが、セラピストはこのように、セラピスト自身に対する物語も含め、多様な物語に出会っていくことになる。この女性もまた、他から紹介で送られてきた人がおうおうにしてそうだが、セラピストがすでに自分に対してなんらかの前提を持って臨んでいる、と感じてしまったかもしれない。この例では、女性は、夫の説明や家庭医が言った治療の必要性を、そのままセラピストが信じている、という結論に達したとも考えられる。セラピストがどういう前提で臨んでいるかクライエントは解釈するだろうが、その解釈は彼らがセラピストにどういう自分を見せるかに影響を与えていく。そこでセラピストは、私が言うところの「クライエントの予想とは異なる」態度で接していくことが重要になる。つまり、セラピストとしてこの女性に伝えるべきことは、他の人の見解ではなく、この人自身の見解について関心があり知りたいという点である。

セラピーというシステムの構成員

このコラボレイティヴなアプローチにおいては、セラピーという人間ドラマの出演する顔ぶれ（治療を受ける当事者が誰か）は、定められていない。それは、セラピーのはじめでもまた途中でも、そして理論的背景、社会的役割、または個人、夫婦、家族、集団という社会組織によっても、定められてはいない。そのような社会的役割や組織が、セラピーでの対話のあり方やそれを通して行き渡る情報網に対して、外から枠をはめるということはない。また、セラピーというシステムが、第三者の「客観的」オブザーバー（例、セラピスト、紹介者）によって規定されることもない。「セラピーというシステムはその参加者たちによってその内部から規定される」。問題によってできあがったこの関係性システムの一員として、人は積極的にセラピーに参加する場合もそうでない場合もありうる。次の話は、参加者主導で構成員が決められていった例である。

「今言うしかない！」

「いますぐにでも」と言って緊急の夫婦面接の依頼が女性から来た。「おそらく離婚のためのセラピーになると思うし、なぜって、結婚生活は終わってしまったから」。彼女の言葉からは早いうちのセラピーを切望していることがうかがえた。彼女が言うには、彼女の夫は「コンピュータ・オタクで、夜昼構わずその前に座りっぱなし。で、私がいることなんかどうでもよくて、まして私にも欲求があるなんて、ぜんぜん気づかないし」。彼は結婚生活が「いかに最悪か」気づいておらず、さらにこのことを聞いて「狼狽し」「自殺するかもしれない」ので心配だということだった。

私はこのふたりに会うことに同意したが、女性が夫婦で来る前に私に会いに来た方がよいのでは、ともちかけてみた。状況はなかなかデリケートだし、夫の方の反応も重要なことなので、私はもっとその背景と彼女の心配について最初に知っておきたい、と言ってみた。それに対して彼女ははっきり「ノー」と答え、夫婦で来てセラピストと会う必要があり、そのことについては夫もしぶしぶ同意したと言った。そして「今言うしかない」と。

ふたり一緒に来る日を決めた。これまでの知識から、この問題に関するセラピーの構成員は、私と女性とその夫だろうと最初考えた。私は社会的な役割や構造上から、セラピーを、たとえば夫婦セラピーとかカップル・セラピーというふうには呼ばない。この場合も何かを問題と考えるふたりに会う、というただそれだけの捉え方をした。

そして、女性がはじめ問題を定義したことからして、おそらく彼女と夫との間では、なにが問題で、それぞれが問題をどう位置づけ、またセラピーがどうあるべきかについて、見解が異なることだろう。

この例では、最初会う時のメンバーは、女性と私との話し合いで決まった。一回目の面接に誰が招かれるべきかについては、私は固定的に考えないし、前もって決められているとも思わない。ふたりが一緒にセラピストに会うべきだとした女性の意見を、私は尊重した。そのことで意見を聞こうと彼女の夫に連絡しようとも思わなかった。私は、彼女の夫が一緒に来る必要があり彼もそうするつもりがある、という彼女の言葉をそのまま受け入れた。

友人の参加

私はクライエントの話し相手がこれまで誰だったのかに関心を持つようにしている。それは、彼らにとって友人がその話し相手であったり、現在もそうである場合が多いからだ。友人は個人的な悩みを聞いてくれ、その解決のため一役買ってくれることもある。友人たちはわれわれの会話のパートナーとして、話を聞いてくれ、心配してくれ、アドバイスをくれ、気持ちを理解してくれる。時には理解しないこともあるが。セラピストが、こういう友人たちの存在をいままで有効に利用しなかったのはなぜだろう。それは、セラピーのやり方における伝統のせいか、あるいは秘密保持とか当事者の定義という私たち専門家の考え方のせいかわからないが、私たちセラピストはクライエントの友人の存在を忘れがちになり、時には除外してしまったりする。しかし私にとっては、クライエントの生活において重要な意味を持つ人がセラピーの一部になるのは、至極当然なことに思える。彼らはクライエントと会話を通してつながっているし、クライエントと私の双方にとって大切な人的資源だと言える。

私の場合、クライエントの友人にセラピーに参加してもらうのは、一回限りにせよ継続的にせよ、珍しいことではない。次の話では、計画的に参加してもらったのとその場の思いつきからそうしたものが例として出てくるが、この議論に関連する部分だけを紹介しようと思う。

「こういうのって、どう?」

カレンは二十歳代後半の仕事を持った独身女性で、母親と二人暮らしだった。私のところへ電話してきた理由は、「母親との関係がこれまでずっと良くなく」、彼女としても「どうにかしなければと思い立った」こと、そして彼女の「母親に対する怒りと、母親の自分に対する悪感情が自分をだめにしてしまいそう」だということだった。母親もセラピーに一緒に来る用意があるという。ここで大切なポイントは、カレンの「家族」は二人だけで、父親は彼女が4歳の時に不幸な事故で亡くなっていて、兄弟はいなかったこと。母親は再婚しなかったし、種々の理由でふたりは父方あるいは母方の家族から疎遠にされていたことがある。

私はカレンと母親に何度か会ったが、ふたりともがフラストレーションを感じ、お互いにつらく、何とかなるものなら、とふたりは強く思っていた。事情は複雑だった。現在の衝突、これまでのふたりの経過、ふたりが考えるところの不和の原因、そしてこうなったらいいという希望まで、ふたりは怒ったり泣いたりしながらいろいろな角度から語った。ふたりはまた、相手が話を自分のいいように変えてしまい、元の話とは全然違うと言って、お互いを責めた。それぞれが問題が本当はどこにあるのかで、当然ながら、異なる解釈を有し、相手が間違っているし、自分を理解しなかったし、現在もしようとしていないと言い合った。失望とイライラの末、まもなくふたりは相手の方こそ「自分の問題のために個人療法を受けるべき」で、そうしなければ関係は何も変わらない、と決めつけた。この点について三人で相談し、私はそれぞれと個別に会うことになった。結局二回ずつ会った。

カレンは二回目にやってきたとき、ルームメイトのジャッキーを連れてきていた。待合室で紹介してもらった後、私とカレンだけ面接室に移った。初めて会った時のことだが、カレンはルームメイトのジャッキーとよく母親の話をすると言い、それにカレンの母親もジャッキーとカレンのことを話すことがある、と言っていた。このことを思い出したので、私は「こういうのって、どう？　今日ジャッキーにも入ってもらうというは？」とカレンにもちかけた。彼女はこのアイデアに飛びついた、そして「ここだと母は普通に振る舞っていて。あなたの前だと言うことが違うんだから」と加えた。カレンは、ジャッキーなら母親のことを知っているし、「ジャッキーの口調から（私の言うことが）本当だってことがきっと伝わるはずだ」と言った。

違う日にカレンの母親に会ったが、その折私は母親の親しい友だちで、カレンとのことでよく話をしているカールという男性のことを知った。母親が言うには、「カールはカレンのことをよくわかってて」、「カレンのやっていることをその場で見ている」から母親にはとても助けになる、ということだった。私がルームメイトのジャッキーに会ったことをカレンは母親に告げていたので、母親は、私がカールを呼ぶことをもちだすのは自然なことととったようだ。「カールの意見は役立つと思いますか」、「この場に彼がいたらいいですか」。「来ることは同意してくれそうですか」と私は母親にきいた。彼女は持ち帰って考えたあと、私に電話で「カールは役に立てるかどうか自信がないと言ったが、来るのに同意してくれた」と伝えてきた。

個別での面接を止めたあとで、カレンと母親と私は、グループでのセッションをつづけた。三人の話し合いの中に彼女らの友人を入れて広げることで、独白《モノローグ》のようだった会話が、対話《ダイアローグ》の方向へと変化していった。新しい人が会話に参加することで、関係のありようについて、今までにない理解や方向性が許される空間が生じた。

入れ替わるメンバーたち

セラピーというシステムも人が持ち込む問題も、その内容は、セラピー以外の場合と同様、その時その時で変化したり解釈し直されたりするものだ。問題の意味が変化するように、セラピーというシステムも、開放性、流動性、可変性を備えている。システムは、言葉が交わされる言語の世界の中で、変化する形でのみ存在する。システムやそのメンバーは、先決されていたり、誰かが勝手に決めたり、固定的で変更不可能な社会組織であったりはしない。ある時点において誰がそこでのコミュニケーションに深く関わっているかに、システムは依拠している。話が変化していくにつれメンバーが入れ替わり、ある人が会話の舞台にあらわれ、ある人はそこから退場する。メンバーは、問題の定義が変われば変わり、悩みや心配が他に移れば変わり、それらについての語りが変わればまた変わる。

そこで次のことは重要だと思う。それは、最初誰が誰と話したかと言うことが、あとあと誰が誰とコミュニケーションするかということを決めることにはならない、ということだ。メンバーは、会話が持たれるごとにその時のメンバーが決めていくので、したがって会話と共に変化していく。次の話は、メンバーの交代が予期せぬものであったこと、少なくともセラピストやクライエントが決めたものではない例である。

「私だけでもいいですか」

ある午後のこと、ひとりの女性から電話が入った。この女性の娘にセラピストの友人がいて、その人が私の名前と電話番号をくれたという。女性は、結婚して三十二年になり、夫がずっとその間アルコール依存症で、その飲酒が結婚生活を悲惨なものにし、子どもたちを不幸にした、と淡々とした口調で説明した。彼女が私に知って欲しいのは、夫は自分がアルコール依存症であることを絶対に認めようとしないこと、しかし子どもたちも彼女と同様、父親をアルコール依存だと見ている、ということだった。さらに、ふたりには夫婦療法が必要だと彼女は強く思うが、夫はセラピーというものを信用していなくて、セラピストに会おうともしないと言う。彼女の方は、ここ三年ほどアラノン（アルコール依存症者の家族の会）の家族援助グループに通っていて、それは大きな助けになったが、彼女はもっと助けが必要だということだった。自分の人生で何か新しいことをしてみたいと思うのだが、どうしていいか彼女はわからないでいる。こういう状況に加え、夫が参加することは考えられないということで、「私だけでもいいですか」と彼女は聞いてきた。私になにか助けになることができるか、彼女は知りたいようだった。

私は力になってあげたいという自分の気持ちと同時に、状況は複雑なので彼女の悩みについてもっと知る必要もあることも伝えた。なにができるか、具体的な約束はできなかった。とりあえず予約を取り、そこで会った後にふたりで次のステップを決められるだろうと考えた。それまでの彼女の話から、この問題システムの構成員は少なくとも、まずこの女性、もしかするとその夫、子どもたち、娘の友人でセラピスト、それと当然だが、私、というふうに想定できた。

夫婦療法をするとか、この女性の個人療法をするとか、あるいは問題システムを構成する他のメンバーから話を聞くとかを、私は決めるつもりがなかった。面接をどう運ぼうかというプランも特になかった。その時には、たとえば妻に会うことで夫について知ることができ、次になんとかして彼を夫婦療法に引き入れることができるのでは、というようにも考えなかった。私たちが実際に電話で話しメンバーを決めた最初の予約のこと以外は、考えていなかった。

そうしたら次の日の朝、驚いたことに彼女の夫から電話が入り、いま妻ももう一つの電話でこれを聞いているという。彼は怒ったように、私のところに彼の妻が予約を入れたことは知っているんだと言い、そして妻はここへ来て「夫はひどい、どうしようもない亭主で、しかもアル中だ」と告げることはわかりきっている、と大声で言った。「それであんたはウチの女房のいうことをそのまま信じてしまうってわけさ」

「そっちへ行って女房がなんと言うか知らないけど、ぼくがアル中だなんてのは、全くばかげた話で、アル中になったことなんてない、今も違うし、これからだって、そんなことはありえない」と彼はつづけた。そのあとこう付け加えた、自分は「とても責任ある仕事に就いていて、一日だって仕事を休んだことはない。昼食のあとにマティーニだってやらない」。そして彼が言うには、むしろ問題は、妻が「人生の変わり目にさしかかっている」ことにあるので、ここへ来て「自分の側から見たストーリー」を説明したいと言い、私は「両者からよく言い分を聞いて覚えておくべきだ」と強い調子で言った。もうひとつの電話で聞いていた妻は言った「じゃあ、あなたも来たら」

このやりとりに見られるように、セラピーの構成員は、最初の面接に入る前に変更されていくことがある。最初の面接の時、ふたり一緒で少し話した後、私が残りの時間を夫と話すことになった。そして夫との話し合いのあと、妻にも入ってもらい、次の予約を取りたいかどうか、もしそうなら、誰が来るべきかを相談した。この人たちの場合、その後の面接は、ほとんどが妻とのものになったが、予約の日に妻を車で送って来て駐車場で待つことが普通になった夫との接触は、少なくなった。ある時、夫婦喧嘩をしたばかりだと妻が言ったことで私は気になり、彼女に御主人にここに来てもらってもいいかと訊いてみた。彼女は、自分は構わないが、彼の方は「犬みたいに気が立っているので」来てくれるかわからない、という返事だった。そこで私は駐車場まで歩いて行って頼んでみると、彼は来てくれた。

セラピーというシステムの構成員を、一回目の面接から推測することはできない。毎回、次に誰が来るかが決まり、その時のセラピーでの会話が影響を与えて、次回の方針を定める。会話の参加者によって、合同で誰がいつ来るかが決められるので、このセラピーのシステムには、決められた参加者もいなければ、決められた日時もない。この点がおそらく、私たちの特徴の一つだろう。次の例でさらに、その時の会話がどのように次会のメンバーの決定につながるか見てみよう。

「で、心配なんです」

息子のことで少年保護観察官から家族でセラピーに行くように言われた、とある母親から電話があった。家族にはセラピーの必要はないが、息子のことだけが心配だ、と母親は言う。少年は何かに悩んでいるようだが、両親にも保護観察官にもそれがなにか語ってくれていない。

「独りで自分の部屋にずっと閉じこもったきりか、それか家の裏にある林の中に行ったきりとか……で、心配なんです」と母親は言う。「うちの子は、基本的にはいい子です。もし、何が問題なのか見つけて、そのことで話してもらえれば、それでもう良くなっていくと思うんです」。そして母親は、最近息子にとっていくつかいやなことがあったと述べ、バスケットボールのチームに入れなかったこととガールフレンドにふられたことを挙げた。

息子の最近の行動で心を痛める母親の気持ちを受け取った上で、私は、確かに何かあるようですね、と言った。両親も保護観察官も、少年に話させるところまで行ってないことを考えると、最初は両親だけと会った方がいいと判断した。なぜかというと、両親に会えば、少年のことや親の心配についてもっと知ることができ、少年に会う準備ができるが、それ以上に、彼から話すチャンスを奪うかもしれないことは何か、前もって知っておきたかったからだ。母親は、この方針は穏当なもので少年の父親もきっと賛成するだろう、と言った。しかし、もし親のどちらかが私に少年に最初に会うよう主張したら、私はそうしただろう。両親との面接から一回目が始まったとしても、それはそれで、次の面接のメンバーはそこでの会話や参加者たちが決めていく。

私は、家族療法をするのだとか、問題システムには家族と保護観察官が含まれるとか、すぐに決めてかかるということはしなかった。母親は、どういう理由で保護観察官が家族療法をするように言ったのかがわからない、と述べた。そこで私は母親に、息子が保護観察官とはどういうなりゆきで会うことになったのか、説明を求めた。私と母親がその話し合いで決めたことは、私が保護観察官と電話で話をするということだった。

保護観察官と話してわかったことは、少年は告発されているわけではなく、セラピーは「防止策」の意味で勧めたということだった。両親がもっと注意して息子を監督する必要がある、というのが観察官の考えだった。彼は、これ以上少年ともその親とも関わることはないだろう、と言う。こんなわけで、保護観察官は舞台から消えていった。もし関わりがつづいたなら、私は彼を問題システムの一員として扱っただろうが、たとえその一員と考えたとしても、観察官を自動的にセラピーの場に呼ぶことはしないだろうし、その後電話で話し合うかどうかもわからない。電話をするかどうかの決定、あるいは紹介者、その他の専門家を（家族の他のメンバーも含め）セラピーに招くかどうかという決定は、誰がこの問題についてのコミュニケーションに深く関わっているか、つまり誰がコミュニケーションの当事者か、という点についての参加者の意見が影響する。メンバーの選定は、この例に見られるように、セラピーを始める前にも変わり、その進行中でも変わる。

なぜ解決システムでなく問題システムか

私は仕事仲間や同じ領域の人から、なぜあなたの場合は「解決」システムではなく「問題」システムなのですか、という質問をよく受ける。この質問が出てくるのは、「問題（problem）」という言葉の持った否定的な響きが作用しているのだろう。この言葉はまた、クライエントの問題を現実化してしまうのではないかという臨床家の危機意識にもつながっているし、または他で言うところの「プロブレム・トーク」、つまり悩みだけを延々と話す中に臨床家も埋没してしまう恐れを感じさせることもあろう。惜しいことに、われわれの治療文化では、「問題」という言葉のイメージは固定化していて、それは何らか解決を必要とするものという見方が一般的だ。一方、「解決（solution）」という言葉は、治すという響きをもつ。私は、セラピスト、またはセラピーが問題を「解決」するというふうには考えていない、なにかを治すとは考えていない。経験から言うと、そういうことは起こらず、むしろセラピーの過程を通して問題について探っていくことで、問題の解決ではなく、問題の解消につながっていく。問題は解決されるのではなく、言語の中で解消する。私が見るに、その解消にむけて、なにが話題になったか（問題や解決を話題にすること）ではなく、私たちがどう話を進めていったかという行程が大きい意味を持つ。

問題は解決ではなく解消へ向かうとする考え方は、哲学者ヴィトゲンシュタインが考える問題の見方に近い。彼は、哲学が出してくる問題に解答を与えるよりも、むしろそれを解消に向かわせることに哲学のねらいがあると考えた。この辺りの消息を、ショッターは下のようにまとめている（Shotter, 1994）。

> この哲学者（ヴィトゲンシュタイン）の問いに対する応え方は、病気という問題を解決するのではなく、それを解消させ、消滅させることを目指す医師の姿に似ている。そうすることが哲学（体）の無事につながり、哲学自身の存在（生命）に疑問を投げかける問い（症状）との格闘で苦しまなくなることを意味する（ヴィトゲンシュタインについて、Shotter より引用（1994, p.11））。

問題の解消に伴い、セラピーのシステム、つまり問題システム、が解消へと向かう。問題を中心にして一つになっていたシステムが消散する。新たなシステム、新たな組織が、現れることになるが、この新システムの構成メンバーは、旧システムのそれと同じかもしれないし、異なるかもしれない。問題システムの中に家族がいたとしよう、その場合は単に問題システムが解消するのであって、家族が解消するのではもちろんない。問題システムと家族は、同じメンバーで構成されていたとしても同義ではない。

家族が以前と同じ四人から成立していたとしても、その中での関係性が違い、語られることが違い、またそれが違う意味を持つため、システムとして違ってくることになる。

ポストモダニズムに関する文献を調べても、問題というテーマでの議論はほとんど見当たらない。それよりも語られたことの意味や解釈に関するものが多い。しかし、たとえばショッター（Shotter, 1993a）などは、人がある状況を問題と見るか見ないかの違いは、その人の「姿勢（way of being）」による、と主張する。「何をするかではなく、自分としてどうあるかが鍵になる」という（p.118）。つまり、「周りの人たちに対して自分をどのように位置づけるか、あるいは構えるか」（p.122）ということだ。ショッターは、われわれが自分の語りの中で、自分についての新しい物語の中で、またその一代記の中で、言語を通してどのように新たな立場（主人公）に移行していくか、について話している（p.130）。ここでは、セラピーというシステムを、臨床家の理論によって決められる固定的なメンバーでできあがった社会的システムとは見なさない。そのシステムの構成メンバーを、流動的で相互に決定されていく言語システムとして眺めることで、クライエントもセラピストも、限られた空間からより広い空間へと移動できる。そこで次の章では、そういう空間を可能にする姿勢を話題にする。

第5章 哲学的スタンス

セラピストの位置、専門性と責任

自分を危険にさらすことなく人を助けることはできない。

カール・ロジャース Carl Rogers

セラピーに関する大半の理論が、セラピストは客観的かつ中立でしかも病理と正常に関する知識を備えたテクニカルな専門家だと主張している。それらの専門家は人の精神世界をあたかも書かれたものを読むように読みとれる人間だとされる。そこでは専門知識とセラピストとしての経験が、診断、処方、目標に関して、セラピストを導いていく。セラピストの関心（利害）と責任が、変化とはどうあるべきか知った上で、相手に影響を与えつつ変化へと導く。このような理論が暗に示すところは、専門家と非専門家の間の区別である。つまり一人の人間が他の人間を変化させることができるということ。あるいは少なくとも変化に向けて、影響を及ぼすことができる、という仮説に基づいている。もともとそこでは、クライエントとセラピストは不平等である。一方、ポストモダンの思想によって形成されたセラピー、たとえば「言葉を介したコラボレイティヴなアプローチ」などは上に述べたセラピストのあり方に対して完全に違う選択肢を与える。それらの選択肢とは何であろうか。セラピストはクライエントに対してどのように位置し関係をとるのか。セラピストの意図はどこにあるのか。そしてセラピストの役割、専門性、そして責任はどう捉えられるのか。

私のやり方では、セラピストの主な関心と意図は対話ができる状況を創り出すこと、つまり対話を通して人が自分の力を取り戻し、より自由になる好機を与えることにある。それは、クライエント個人と彼らの生活の状況に見合った可能性を創ることであり、そこではクライエントは自分の生活の発明と展開に自ら参与することになる。セラピーにおけるこのような変化とは、対話を通して創られた人生の物語の本来の結果であり、同時にそれによって表現されたものだ。言い換えれば対話が広がるにつれ、変化が起こってくるのである。

変更、あるいは変容についてのこの見方は、私たちに今までとは違った立場でクライエントに臨むことを要求する。この変更されたポジションのことを私は「哲学的スタンス」と呼んでいるが、それはつまり他の人々と自分との関係における「自分のあり方」のことだ（Anderson, 1995）。それは、われわれがどのように他者に対して行動し、考え、応答するかということを含む。この哲学的スタンスはある種の姿勢であり、ある種の声の調子であり、それは私のクライエントとの関係、あるいはセラピーの場を支える背景の役目をしている。つまり私がいかに会話において自分を位置するかということを問題にする。それは根拠をもち、自然体で、自発的で、継続されるべきもので、一つ一つの人間関係によって異なりそれぞれの会話によって異なるユニークなものである。このスタンスによってクライエントとセラピストは（問題としてではなく）「人」として治療室に座ることになる。これはセラピストの役割や機能を考慮すべきという観点から、共同作業における人間関係について考える観点への移行である。このアプローチでいう哲学的スタンスはセラピストの位置、専門性、責任という点において他の種類のセラピーと区別されるものだ。

セラピストの位置を「哲学的スタンス」として私は考えている。なぜかというと、このスタンスが私の職業的、あるいは個人的人生の中からこの世界を眺め経験することを奨励し促すからだ。私たちの価値観やバイアス、つまり人生の哲学が、他者に対してどういう態度をとりどのように位置するかということに影響をおよぼす。これは言ってみれば、姿勢のことであり、私たちの社会的、個人的能力がそこに結集し、人生の物語を創る対話的過程となって、われわれの行動の意味をはっきりさせ、かつ社会的行動として比較的に方向性をもったものにしていく（Hermans, 1995, p.376）。セラピストは、人がそういうあり方を実現するための資源となる。

このスタンスの特徴と具体的な視座は何なのか。セラピーの領域において、それはどう現れてくるのか。クライエントとの共同演出にセラピストはどのように参加可能なのか。いわゆるコネクティング（通じ合うこと）、コラボレイティング（協力すること）、コンストラクティング（作成すること）という言葉で特徴づけられるセラピーをいかに展開し発展させていくのか。

この哲学的スタンスの特徴

（1）会話のパートナー……クライエントとセラピストが分かち合う専門性、またはクライエントとセラピストが持ちよるもの

私の「コラボレイティヴ・アプローチ」の核心は、人間関係のシステムとその過程にある。クライエントとセラピストは会話のパートナーとしてともに語り、質問し、解釈し、物語を形成していく。このアプローチではクライエントとセラピストの両者の専門性が組み合わされ一体化している。では、どのような専門性をそれぞれが提供できるだろうか。

まずクライエントは「内容」の点でその専門性を発揮する。彼らは自分の人生経験やどのような理由で自分がセラピーに来たのか、という点に関して専門家だ。クライエントが自分のストーリーの語り手となった時、彼らは自分自身の声、力、そして権限を認識し経験することができる。一方、セラピストはプロセスという点で専門性を発揮する。つまり「一人称」で物語られる対話の過程でクライエントに関わり、その会話に参与する専門家だ。それはあたかもセラピストとクライエントとの役割が逆転したかのようだ。クライエントは「教師」のようになり、セラピストは「あなたから学習するためにここにいる」姿勢を取る。あるクライエントが冗談を交えてこう言った。かけだしのセラピストがミスをおかし、話を誤解し、そして混乱していた時、「あなたがいつかフロイトのように有名なセラピストになった時、あなたの先生はこの私だったことをちゃんと言うんですよ」と。

（2）対話空間とそのプロセスの創造と促進

コラボレイティヴな過程においては、セラピストは単に語られる物語の共著者の一人にすぎない。これから語られる物語は、変化し新しく出現する談話である。それに参加することは、他者に質問することを通して話を促進するコンサルタント的著者というようなものであって、むしろ機械的に介入する参加者とは異なる。このように話を促していくことで、そこにある声に生命を与え、それらの声が全体のプロセスに貢献するよう導く。セラピストの姿勢で重要なことは、正直で誠実である能力であり、クライエントのストーリーを受け入れ、それを促し尊敬し耳を傾け、話に参加することだ。セラピストとして、会話に参加するひとり一人に、ある人のストーリーも他の人のそれと同じくらい重要だということを感じてもらいたいと考える。それは複数の立場（multipartiality）をとることを意味し、セラピストはあらゆる意見を同時に考慮に入れる。このポジションは「中立性」と言われるものとは対照的だ。中立性とはセラピストが誰の立場をもとらないよう努力することである。しかし私の経験ではそのような中立性は、一緒に共同作業をするクライエントを混乱させ、そして時にはセラピストが誰の肩をもっているか、あるいは参加者のどの人の話を信じているかについて確信をもたせてしまう場合がある。こういう事態になると、人々は自分たちの側にセラピストをつけようと誘惑し競争的になってしまう。

（3）コラボレイティヴなセラピストはこうではない

「専門家でないという立場は、受け身に流されるのとどう違うか」とか「他者に質問することだけで充分なのか」という質問を私はよく受ける。これらの質問は、モダニストのもつ科学的調査、あるいは妥当性ということを踏まえたもので、そこでは真実を見つけ、知識を得ることを基本原則としている。このような質問があるから、セラピストはそうではない、という指摘が必要になってくると思う。

「セラピストは、物語の編集者ではない」。セラピストは、語られるストーリーの内容の専門家として、それがどう語られ、語り直され、作り直されるべきか、熟知した者として振る舞う時がある。そんな時セラピストは、暗黙のうちに物語のエキスパートとしての役目を負う。通常その仕事は、クライエントに自分のストーリーを語るべくして語らせることにあり、そうさせる目的は、クライエントの物語が主張するところのジレンマを解決することにある。その結果、物語を変えることになる。セラピストは、クライエントのストーリーをセラピストの視点から見てより有用なものにするため、そのストーリーを変更し、組み立て直し、形作ることによって、それを達成する。またセラピストは、相手が語る言葉を解体し、解きほぐす眼識を提供することもある。それをうけて現在ある解決策が一層強化されるかもしれないし、新たな解決策が現れるかもしれない。このようにクライエントの語りを変更しようという試みは、セラピストによるクライエントの語りの改訂、訂正、洗練といった物語編集という形式に他ならない。セラピストの仕事は、クライエントのストーリーの足元を崩したり、再生させたり、再構成させたりすることにはなく、むしろ語り、語り直される過程を促進し、それに参与することにある。

物語編集は、滑りやすい坂のようだ。物語編集者というポジションは、編集のための専門技術を求められ、それに危険性も付随する。つまり、セラピストは人の語りについての熟知する者として、クライエントよりも信頼性があるとし、クライエントの心をすらすらと読み解くことができると仮定してしまうからだ。またそれは、セラピストを物語という遺跡を発掘する「考古学者」に仕立て上げる。言うなれば具体的事物としての一個のストーリー、それは重要性を帯びたものと推定されるが、その存在が確信され、それが発見され、語られる必要があるとされる。普遍的な人間物語が存在し、それ以外に耳を傾けるべき新しいものはない、という考えを導いてしまう危険がある。それはクライエントを主人公とする物語の中の言葉や喩えを職業的専門用語や人間の本質について仮定された信念にあえて置き換えてしまうリスクを冒すことになる。

覚えておかなければならないことは、われわれはコミュニケーションの相互作用の輪の一部だ、ということだ。こう信じることができれば、その信念に則したように振る舞うべきだ。物語編集者としての立場とそれに伴うリスクは意味の輪の一部としてのクライエントの存在を基本的に無視することになる。それは「今ここ」というその場において通ずる話の領域よりも、普遍的な領域においての意味の構成に向かわせる。その立場は、たとえば同級生に銃を向けた息子を持った黒人のシングルマザーの人生は考慮に入れられない。セラピストが物語編集の立場をとった時、この母親に自分自身を語る余地はなく、そこに彼女という存在はない。編集されたものは、彼女の人生のストーリーではないからだ。この状況は理解してもらえないし、助けられることもないのでは、という彼女の恐れや思いが反対に実証されてしまうであろう。そしてより重大なのは、物語編集者が一段上の優位な役を持ち、セラピストとしてクライエントとの関係において階層性と対立を伴ったポジションをとることだ。そこにあるのは、母親の

「一人称」のストーリーに目を向けず、社会的に通用している言説に肩をもつ危険を本来もっている。社会で広く支配的となった説と戦おうとするセラピストでさえ、不注意にまたその意に反してクライエントをないがしろにしてしまうことがある。それはセラピストがもつ世の中に対する反対意見（社会的不平等、性の不平等、制度的植民地などへの反対）がクライエントのためにもより良いと考えた時に起こってしまう。

「セラピストは白紙状態やブランク・スクリーンであったりしない」。来談するクライエントがそうであるように、セラピストも自分の知識、経験、偏見、つまり前もって理解したことをセラピーの場に持ち込む（Gadamer, 1975, 1988; Heidegger, 1962）。われわれはしかし、先入観やクライエントはこのように問題を解決できるという前もった計画書を持つことなく会話に臨むよう心がけるべきだ。それよりも、問題解決が会話を通して実現していくことを信じるべきである。

「セラピストは、交渉人や裁くレフリーではない」。またセラピストはその違いを指摘したり、それでもって対立したりする者でもない。目標は合意でもなければ考えの統合でもない。むしろセラピストは多様な表現を促す。

「セラピストは、真偽や、より正しいこと、より間違っていることを見つける探偵ではない」。セラピストは隠された現実や意図や意味を探そうとしない。セラピストは一方的で優位な立場にある質問者ではないし、問題を定義し解決するエキスパートではない。また正常と異常に関しての権威者でもない。セラピストは行為の記述者、説明者、翻訳者でもない。セラピストは会話のパートナーである。

「セラピストは介入者でもなければ受け身な存在でもない」。私はここで，セラピストは定まった形で機械的に介入する者でない点を強調しておきたい。セラピストは，ガダマーGadamerが言うように，クライエントに導かれ相互作用の輪の中の一部として存在するだけなのだ（Gadamer, 1975, p.361）。そして単に相互に影響しあう部分であって，舵取りではない。セラピストはたとえば話の議題を設定したり，その内容や話の結果にある方向性をもたせることで会話をコントロールしない。またセラピストは，変化の方向に対して責任があるわけでもない。そのゴールはその人を引き受けることでも干渉することでもない。対話を容易にすることにゴールがあり，その対話を通して新しい物語や新しい行動，感覚，感情を見出す最善の機会を作ることにある。セラピストは内なる対話（自分自身あるいは想像上の誰かとの静かな個人的会話）と外との会話（他者との声を伴った会話）を促進することを目指している。介入せず権威者として振る舞わない姿勢は受け身であるのとは違うし，お人よしを意味するものでもない。それは何でもありとか，セラピストが当てもなく流され影響力をなくすとかでもない。この姿勢においてセラピストはアクティヴではあるものの指示的ではない。セラピストは常にクライエントに影響を与えつづけ，かつ影響を受けつづける。

(4)「やりかた」に対して「ありかた」

この見方は，セラピスト自身に個人的なスタイルの活用とその発展の余地を与える。ひとり一人のセラピストが，この考え方とそれに伴う姿勢を，自分の臨床の場に見合ったものへと置き換える。これは自然体で行われるもので、その人に固有なことで、かつそれがひとりのセラピストが臨床の場に持ち込む全てでもある。各々のセラピストのこの置き換え作業は、非常に個人的なものであるし、また参加者、会話の内容、そして会話の背景のような各々のセラピーに特有の状況によっても違う。つまりセラピストの話や振る舞いは、クライエントごとに違い、セッションごとに違ったものになる。セラピストが誰で、その状況がどうか、ということがその特徴を決定づける。このように「場が要求することに応じていく」ためには、こちらに弾力性が求められるが、それは状況が要求することに沿って自分の考え方や行動のしかたの変更を進める能力や柔軟性や意思を指している。リン・ホフマン（一九九四年十月の個人的な会話による）はわれわれのこのような哲学的スタンスを伴った適応性と可変性のことを「動きをとるための宙ぶらりん」と表現した。

セラピストの発話、行為、思考がその時その時を基本に形成されていくことからくる不確定性は、それが前もって知られることがないがために、人をしばしば不安にさせる。なぜなら、西洋では、はっきりしている料理のレシピのような行動に人々が慣れているからだ。これまでセラピストが前もって組み立てられた方針でもってセラピーをするのを見てきた。私たちは、自分が期待したことを目にすることができない時、セラピストが今何をしていて、そして何をしようとしているか想像しにくくなる。このことが、コラボレイティヴなセラピーを他の人が眺めても、自分が見慣れたもの以外のものを見ることができない、という理由のひとつである。しかし私はひとりあるいは数人のセラピストをある期間観察して、パターンや類似性を見つけられないと言っているのではない。研究の結果が示すように、私たちは一般的に存在すると自分が信じているものを認識し，自分が求めているものを発見する傾向があるということだ（Jones, 1986; Rosenhan, 1973; Scarr, 1985）。これは研究そのものについても言える。

私の学生や客員としてくる人たちに，このスタンスとしての哲学をわかってもらうために，私はその人たちにコラボレイティヴなやり方をしている何人かのセラピストの臨床を見てもらうことにしている。ここのセラピストたちが同じ前提をもとに臨床にのぞむものの，セラピスト次第で，また状況次第で差異が出てくることを見て欲しいと思うのだ。そこでわかってもらいたいことは，個々の事態が私たちに機知を要求すること，セラピストは自分の性格やスタイルを使ってやれること（つまり誰か他の人のやり方を手本にする必要がないこと），そして，そうすることでセラピストひとり一人が，もっとも想像豊かで，創造的な自分でいられることだ。他の人のスタイルをコピーしようとすると，私たちはどうしても自分で考え行動する範囲を限定してしまい，そのことで自分自身の，そして結果的には相手の創造性と選択肢を狭めてしまうと思う。

(5) ひとりの客として

私は自分自身を一時《いっとき》の客だとみなしている。クライエントのもとを短期間訪れ，彼らの人生の小さな一部に一緒に参与し，彼らとその周りの人々との途切れず変化していく会話に入ったり出たりして自由に動きまわる。私は客として許容される人間でありたいと考えている。精神科医のスー・チャンス Sue Chance（1987）は，面接終了時の別れの挨拶を考察する彼女の論文の中で，自分を患者から招待を受けた夕食の客に喩えている。

私がそこを訪れそして去ることは、私が患者の人生における主賓になることを意味しない。私は夕食の客なのだ。私は招待をうけたからそこにいる。礼儀もあるだろうし、私が作法を教えることもありうる。調理法を聞き合ったり、彼らが口にしたことがない料理を一皿持っていくこともあるだろう。そうではあるが、その家に住んでいるのはあくまで彼らであって私ではない。

私の友だちに対しても、同じことが当てはまる。私は丁寧であることを求められるし、「さようなら」を言う時は、充分気持ちを込めて言えたらと思う。私は友だちにいかに私が招待に感謝し、いかにその会食を楽しんだか知って欲しいと思う。なにか自分のいいものをそこに残していきたいと願う。私も彼らから何かをもらって帰るのだから（p.21）。

チャンスはこの話のつづきとして、差異を生む会話について、印象深く残る会話について、そしてクライエントが治療室からテイク・アウト（持ち帰り）できる会話についてこう語る。

私の所にも夕食の客がいた。私には誰が誠意がなかったり、誰が無礼だったりがわかった。しかし時が経ちその人たちがいたことも忘れてしまうのだ。気さくな人は私の記憶に残る。その時の会話を思い出し、その人たちと席を共にした喜びが思い起こされる。彼らが座った椅子に目をやると、彼らの姿が目に浮かぶようである。彼らの存在を確かに感じることができる。私は彼らが帰っていくのを残念そうに眺め、去っていくことが本来そうなるべきことだとわかっていても、物足りなく思うのだった（p.21）。

私はクライエントからも同じようなことを聞いたことがある。ハリー・グーリシャン Harry Goolishian とのことを思い出すクライエントのラースは、「ハリーがぼくにむかってそう言うのを何度も目の当たりにするんですよ」といなくなったハリーの存在を感じて言う。別のクライエントのアリスは高校と大学の時セラピーを受けたが、何年かして彼女のセラピストだったハリーにたまたま会うことがあった。彼女はハリーに関する自分の経験とその時の会話の様子をこう述べている。

高校生だった頃、私は毎週あなた（ハリー）と話しをする必要を感じました。私は大学へ行くのが怖くて、入っても失敗するんじゃないかと思っていた。セラピーから帰って家に着いた時、もしあなたに一カ月に一度しか会えなくなったらと自分はいったいどうしたらいいだろうかと悩んだものです。それでどうしたと思います？　私はあなたを連れて外へ出かけたの、想像の上で。必要に応じて私はこう自分に尋ねるのです、「グーリシャン先生は何んて言うだろうか」とか「先生ならこんな時どんな質問を私にするだろうか」とか。そうするとあなたは答えてくれました。それから私が大学を卒業して東部に移った時、あなたも一緒に行きました。そしてある日私はふと気づきました。もうあなたを連れて歩く必要がなくなった、と。なぜならすでにあなたと話す必要が実はなくなっていたから。私は自分自身を相手に話すことができるようになっていました。それでも時折、私があなたを必要と思ったとき、私はちょうど旧友を食事に招くように、あなたを想像上で招待することがあるのです。

(6) セラピストの変化——リスクを伴った「学習者」という立場

このようなスタンスで、このような対話過程に巻き込まれるセラピストは、自分自身が変化するというリスクも負う。相互に影響を及ぼし合うセラピーの過程では、変化とは対話に伴う自然な結果であり、セラピストもクライエントと同様、セラピーから影響を受ける。そのように想定しないことの方が非論理的だ。つまり変化を促す過程に関与しつつ、しかし自分だけはその影響の外にいると考えることは。ある学生はこう表現する、「もし私が自分の何かについての考えを変えることができないとしたら、どうしてクライエントにそういう変化を期待することなどできるだろう」。これは、私たちはセラピストとして相手や問題や状況について自分の解釈、意見を変更することがあってもいいことを意味するし、セラピストが行動の仕方を変えてもいいことを意味する。しかし冷静に考えてみれば、このことは私たちの臨床に対する倫理、個人的に深く信じる道徳、または大切にしている価値観が表面化し、批判にさらされ、変更をせまられる可能性も意味している。私はこのことが部分的にせよ私たちの創造力を引き出させ、生涯つづく個人的成長と学習の旅へと私たちを駆り立てるものと信じる。もし毎日の営みの一環として研究し学ぶことがあれば、私たちはこの旅をつづけることができる。

(7) 日々の営みの一環としての研究と学習

思想批評としてまた哲学的スタンスとして、ポストモダニズムは、自分がすでに知っていることあるいは知っていると想定していることに対し、たえず意識的になり疑問を投げかけ、熟慮することを要求する。また同時にそうすることをも可能にする。このように意識的になり、開放性をもち、熟慮することがあわさって「日々の営みの一環としても研究と学習」を形づくる。そしてその過程で私は一職業人としてまた一個人として変容する。私が何をどのように学習するかは、流動的な相互作用の中で他者と共に作り上げるそのプロセスにある。そこに自分の姿も他人の姿も浮き彫りになっていくような多くの会話、つまりクライエント、同僚、学生、その他の人たち、そして私自身との会話が含まれる。これらは、単にクライエントのストーリーについて知ることや臨床経験そのものより、より大きく生成されていく学習過程の一部だ。セラピストとして自分を定義し、セラピストとして成長することは、すべてがプロセスである。この問題はまた「プロセスとしての自己」という興味深い問題にも立ち返る。

シューン Schön（1983）が *The Reflective Practioner*「リフレクティヴな臨床家」という本の中で、専門家の知識と日常の営みとしての探求について貴重な視点を提供している。

専門家の多くは、自らを技術的エキスパートとして固定的に考え、仕事に関して何ら振り返って見る機会をもつことがない。彼らは不要なものには注意を払わない技術や、どうしようもなく意味のないような分類や、そしてその場をコントロールするテクニックに長け過ぎている。これは、彼らの仕事上の知識を一定に確保するためのものである。彼らにとって不確定であることは脅威でありそれを認めることは弱さを認めることになる（p.69）。

前述の状況においては、テクニックが人よりも優先される。シューンのこの見解に私は賛成で、職業的官僚制度が、専門家集団の独立性という建前を強化し、専門職とその知識に権限を与えている（p.326-338）。刷新や協力また変化する環境への適応の機会が失われる。シューンがそこで専門家たちに求めるのは、専門性とは人生や現実というコンテクストの中に埋め込まれていることと、彼らの行為は違った人にはそれぞれ違って受け取られるという認識である（p.295）。テクニック優先と隔離された場での臨床、また私の言う「自動操縦式」の専門性、これらを阻止するには、「行為を通して知る」（p.49）ことや「行為をとおして振り返ること」（p.126）が必要だとシューンは説いている。私たちは、行為をとおして振り返るばかりでなく、行為をとおして振り返ったことをさらに振り返るべきだろう。振り返ることと、振り返ることを振り返ることは、おおよそ他者とのつながりを持つということであり、協力しあうことであり、また造りあげることに近いことで、私の考えでは、これらがポストモダンの知のかたちである。これは、継続してゆく自己啓発の体験であり、セラピストにとって、シューン（1983, p.299）の言葉を借りれば、自己を「再生する糧」ということになる。この糧があるかどうかが（それは無知の姿勢に伴うものだが）臨床の場に飽きすり減ってしまうセラピストかどうかを分ける決定的なところだと私は考えている。

ここでトム・アンデルセン（1995a, 1996）が彼の手法であるリフレクティング・チームの概念を広げて、臨床の評価へと結びつけていったことは意義あることとして指摘しておこう。これは「日々の営みの一環としての研究と学習」という考え方の見事な実践例だ。アンデルセンの勧めと協力に基づき、このセラピー・チームは、クライエントと地域に住むセラピストを、臨床の評価ばかりか共同研究者として招き入れた。クライエントや地域のセラピストたちは、質問の内容も含め評価の方法の作成にも参加する。たとえば「皆さんは私たちがどのような質問をすべきだと思いますか」とか「どのような情報が皆さんにとって有益だと考えますか」とかを尋ねている（Kjellberg, Edwardsson, Niemela & Oberg, 1995; Kjellberg, et al., 1996)。

アンデルセンらが見つけたことは、この研究の協力的で開かれたアプローチが、セラピスト同士の、またセラピスト - クライエント関係の改善を促したことだった。このアプローチの最重要かつ広範な意義というのは、それが臨床家たちを研究の最前線におかせ、学術の領域で慣習的に行われる「外部の者」によってなされる研究形成に反対の立場を掲げたことだ。「内部の者」による評価と研究という方法が、臨床家たちの学習の機会となり、将来の臨床活動のためになっていく。それは、将来に向けての対話のプロセスを、K・J・ガーゲン Gergen 流の言い方をすれば「前方に押しすすめる」ことであり、それはまたショッターの言う「人々が自分の居場所があると感じられる」対話過程を作ることも意味するだろう。

(8) 公開であること

自分のやっていることを振り返りそれを他者と分かち合うことは，公開ということにつながる。つまり，私の思い，先入観，感嘆，推測，疑問，意見，そして恐れをより容易な形で明らかにすることであり，言葉に出して私のプライベートな内的対話や独り言を他者と共有することだ。またそうすることで私自身を他からのフィードバックや評価や批評に対して開かれたものにすることができる。その結果，私は一緒に仕事する人々に対し自分を一個の人間としてよりさらけ出すことになる。この場合，フェミニスト批評などで時折使われる transparent（透明な，率直な）という言葉よりも，public（開かれた，おおやけの）という言葉を私は使用したい。それはなぜかと言うと，他者が私たちを，あるいは私たちが他者を見透かすということはできないと思うからだ。むしろ私たちが見るものというのは，私たちが相手に対して表すことだけだと考えられる。

この公開の精神は，ふつうの非公開かつ秘密主義的な専門家役割とは対照をなす。そこでは，シューン（1983）によれば，エキスパートとしての役割をふだん期待される専門家が，

これからは，確信のもてない点についても披露することを求められる。ふつう彼らは自分の専門性を非公開で神秘的なものとして保つよう言われているのに，反対にここでは彼らの専門知識と自らについてを公けにし，公衆からの問い合せに対しその特別な知識を開き与えるよう期待される（p.297-299）。

振り返ること，省察することによって，セラピストは自分の中の複数の声，複数の視点を手にするこ

とができるし、またそうするよう奨励される。セラピストもクライエントと同様に、いろいろな考えつまり調和した考えも相矛盾する考えも持つことができる。オランダの心理学者ハーマンス Hermans（1995）は、「自己」の対話的性質に関し、以下のように、フョードル・ドストエフスキーの小説を多声音楽に喩えることで説明する。ドストエフスキーの小説においては、著者である彼は、多くの登場人物のひとりに過ぎない。それぞれ異なる登場人物は、「書き手としてのドストエフスキーの意図の従順な奴隷となるのではなく、作者の側に立つこともあるし、同意しないこともあるし、作者に反逆することすらある」（p.377）。

振り返ってみることと自分を相手に示すことで、私も相手も、その人が現在直面する複雑な苦境について、より柔軟に、自然に、多様で時には対立する意見を踏まえ対処することが可能になる。そうすることで私は強く意見することができるし、また言い争いの状況の中で自分の立場を一方的に偏らせたり極端に走ることなく参加できるようになる。その時の発言はすべてその場の会話に利用できるものとなっていく。

ポストモダンの観点では、

> 専門家（例、セラピスト）は、自分の現実観を主張しそれに従って行動する、と同時にその見方を吟味することになる。また相手（例、クライエント）に対し、対立する立場をとるかもしれないが、同時にその相手を理解しようとも努める（Schön, 1983, p.350）。

おおやけにしていくのは、専門職に関わる情報ばかりではない。それは個人的なものも含まれる。ここでは、個人の秘密や親密性について他者と共有するというような一種の自己開示や、個人の境界線を侵害することを言っているのではない。私自身他のセラピストと比べ、自分の個人的なことを他の人に知らせることに反対したりためらったりしない方ではあるが。クライエントは、私たちセラピストのことを自然と知りたいと思うようになるし、またそうなって当然だ。サブリナが「私はあなたのことを何も知らないわ」と言ったことを思い出してみよう。そしてその後サブリナが「私のセラピスト（ハーレーン）は結婚しているのかしら?」、「どのような人間関係があるのかしら?」と思っていたことを思い出してみよう。そしてセッションの最後で、実際サブリナはそのことを私に問いかけた。

もうひとり、これまで3人の違うセラピストを経験してきたあるクライエントは、私が面接した折、こう述べた、「だって変ですよね。私たちクライエントは自分のセラピストを信用するのが当り前とされているけれど、実際はそのセラピストのことなんにも知らないんですもの。喩えて言うと、いつもピシッと服を着ている人の前で裸で立っているような感じ。だから目の前のセラピストが一体誰なのか少しでも知っていたらとてもいいことだと思います」

こういう趣旨で、私はセッションの最後に、クライエントやそこに居合わせた人に、私に対しての質問の機会を与えることにしている。典型的な言い方としては、「これまで私の方からたくさん質問してきたけど、あなたの方からも私に何か訊きたいことがあるかしら」と尋ねる。あるクライエントはそう訊かれて、「テキサスであなたが何をしているのかちょっと興味がある」と答えた。そこで私は彼に自分のやっていることや、彼のような人々について学びたいという思いや、私の知る他のクライエントの日々の奮闘についていくつか話し、最後に「こういう説明で良かったかしら」と付け加えた。

「それはとても面白い」と彼は言った。

「この他にも何か知りたいことがありますか?」と私が訊いた。

すると「それで結構です。ぼくはこのセラピーの場を自分についてもっと知り、周りで何が起こっているのか理解できる機会にしたい」と端的に答えた。

オープンで自己内省的な立場をとるセラピストに求められるのは、「行動しつつその場を眺め直す能力を高めるため、専門職として自らが仕事場へ持ち込む対人関係の理論について見直してみる必要性」(Schön, 1983, p.353) ということになる。私はさらに「個人の生活の場にも持ち込む」という言葉をここに付け加えたい。いわゆる理論の中にはこのような自己内省的な性質を許さないものがある。それが本質的にその理論と矛盾するからだ。情報や意見をオープンにし公開していくことは、実証的ではないとか、専門家の機密性の原則に反するとか、専門家と非専門家の境界をくずすとか、道義にもとるとか、あるいはあまりに相対論的だと言われるかもしれない。そしてなにより、このスタンスは、知と知者の絶対性と安心感をおびやかし、理論の存在そのものをゆるがすことになるかもしれない。

(9) 責任の共有と説明の義務

行動の責任および説明の責任は、私たちの文化的理想であり価値観の反映である。私たちの文化では、責任の所在を明らかにすること、そして自分も含め周りに対して、納得のいく説明ができることが求められる。だが時に私たちは、それを奨励し許すような状況や人間関係を作れないでいることがある。その反対にそれらを奪ってしまう状況を往々にして作り出す。われわれは「不平等」な関係での会話に参加する訓練をうけてきたし、クライエントからは責任をとりあげてしまうよう教えられてきている。いわば専門家になるべく訓練されてきた。たとえば人はこういう生き方をすべきだとか、どういう話に意味があるのかとか、どのような変更がその人に効果的だとかをわかっている者として。

私の経験から言えば、セラピストがクライエントを招き入れ、一緒に共同作業していくことで、責任のありかが共有されていく。時々人は勘違いして、共同作業するセラピストを見て、ことがわからず責任放棄していると見なすが、これはあたってはいない。セラピストがこのようにリフレクティヴな立場を臨床哲学としてとった場合、セラピスト‐クライエントという二項対立や上下関係は消滅し、行動における責任と説明に対する責任が分担される。実際は、言動についてと説明についての責任を共有することで、セラピストはクライエントに対しより一層責任を果たせ、説明可能な存在となれる。

社会構成主義の立場をとる者の中には、この倫理上の問題を正面から扱おうとしている人々がいる。ショッター（1974, 1975, 1990, 1995a）は、より広範な責任の共有と説明義務を訴える議論を展開する。彼が目指すのは、「心理学の再構築であり、それは行動（とその力学）に関する自然科学ではなく、行為（と登場人物）に関する倫理的科学といえるものだ」（1995a, p.385）。ショッター（1995a）の議論の基本的スタンスは、「ある人個人のユニークで特別な『内的経験』も、それが他者に向って何らかの形で説明可能にされない限り、一般にはこの世界に影響を及ぼす効果は薄い（p.386）ということだ。これと同様、分析哲学のＡ・マッキンタイヤー MacIntyre は、社会構成主義に与えられた道義的責任とは、人々の人生を専門家集団の支配から奪いとること、そして、

それぞれの人生に対する責任を生活する人々の手に戻すことにある、と注意を促している。そこでの新たな課題は、人々が倫理性をもった人間としてお互い向き合う、そういう瞬間や状況について検証することにある（Shotter, 1995a, p.387 より）。

他の学者も同様な批判を唱えている。心理学のＭ・フリーマン Freeman（1995）は「自由とか責任ということが問題とさえならない心理学者が多いのが実状だ。一般的に言って、学問としての尊大さがその余地を与えようとしていない」（p.375）と主張する。フリーマンはその責任の問題を二つに分けて、学者の「自分自身に対しての道義的責任」と「他者に対して、とりわけ権利を奪われている人や不当な苦しみに見舞われている人々に対しての責任」（p.358）とを区別する。フェミニスト哲学および心理学あるいは女性研究（Code, 1988; Gergen, M., 1995; Hughes, 1988）の分野で、自己を関係性の中で捉えようとする理論家たちもまた責任という概念に光を当てる。Ｍ・ガーゲン Gergen, M.（1995）は、「この関係性自己という考え方への移行は、個人としての責任回避を意味するのではない。つまり個人の倫理的選択や行為に関する言語を一掃することではない。それは倫理的行為の構成要素の再編であり、それ

は複数レンズを通して作り直される必要がある」と述べ注意を促す（p.366）。また、L・コードCode（1998）は「責任ある知識」の必要性を論じているし、J・ジョーダンJordan（1991）は、「責任の共有性」を重要視する。

心理学のK・J・ガーゲンとコミュニケーション研究のS・マクナミーMcNamee（1994）はこのように説く。関係の中で責任を共有するとは、自分をあるいは目の前の「欠陥者」を変化させることではないし、また争いを解決することでもない。むしろそれが目指すところは、そこでの会話に関係ありそうな複数の意見や現実が受けいれられるよう、会話の範囲を拡げることである、と。より責任をもち説明の義務を負うことで、セラピストは一層おおやけになりオープンな形でその存在感を示すことができるようになるだろう。

(10)「でもあなたは専門家でしょ」

セラピストが恐れるのは、クライエントはもっと確実なものを期待するのではないかとか、専門家から答えを聞くためにお金を払っているのではないかとか、このようなスタンスで共同作業へと誘うセラピストを受け入れようとしないのでは、という不安である。私の経験ではこれらのことは心配にあたらない、つまりクライエントにとってこのコラボレイティヴな文化に参加するのはそう難しくないらしい。「自分が所属している感覚」という言葉をショッターは使うが、クライエントはこのような共同作業を歓迎するしまた望んでもいる。あのふたりの摂食障害の娘をもつスウェーデンの母親の言葉はクライエント側のそういう願いを如実に表している。「家族のわれわれが娘たちのことを誰よりもよく知っているんです。彼女たちがどう反応し、何を感じて、そしてどういう時に彼女らの言っていることが本当で信用できるかを。先入観の強いどの看護婦や医師より、われわれの方がよくわかるんです」

専門家たちが自分たちの方が家族のことを家族以上によくわかっていると思っているのなら、このような専門家に出会うことは、家族やクライエントにとって不幸なことだろう。またその専門家の知識が邪推を生んだり、軽蔑的な治療に結びつくのなら、なおさらだ。専門職についている者は、自分が見るはずのものを見るという作業をしていると言える。ある人が疑いの目をもって話を聞かれ治療されたとする。するとその人の行動の全てがこのような目を通して見られるし、また実際にその人も疑いが正当化されるような行動に出ることがある。たとえば、クライエントの家族の父親が娘に性的いたずらをしたと信じそれを裏づけようとするセラピストが治療するのと、この父親と対話をしたいと願うセラピストが治療するのでは、その過程に大きな違いが生じる。

コラボレイティヴな作業に参加する力がクライエントにあるのか、またその意思があるのか疑うことは、私たち自身の不安の反映だと思う。クライエントに対して持つ不安以上に、これまでの通念と先の見えないことへの不安だ。だからと言って私はクライエントが「どうしたらいいのか教えて下さい」と言った時、それを無視したりはしない。もちろんそういうクライエントもいるので、その時私は彼らの気持ちを尊重しまじめに受け取る。ただそこで私は彼らが求めているものが何かわかっていると装うことはしないし、彼らの要望を省みず、セラピストである私を盲目的に信じるよう言ったりはしない。ひとつひとつの要望に私は応えるが、それぞれ私の応えはどのような流れで要望が出されたかという会話の動きに連動したものだ。

(11)意図的に

この哲学的スタンスは、言葉ではなくその場に現れるセラピストのあり方である。それはクライエントには感じられるもので、両者の初回の出会いの瞬間から始まることを知っておく必要がある。コラボレイションの足場は最初の出会いで定められ、クライエントとの関係終了まで留意してつづけなければならない。このスタンスは一技術ではないし、一理論ではない。それは頭で考えると操作的、戦略的、計画的に聞こえるかもしれないが、そうではない。それは意識的なことだが、ふりをするという意味での故意ではない。私が意図的に自分に求めているのは、相手の価値を認め尊重して共同作業に招き入れる、そのようにオープンで、純粋で、好奇心にみちた姿である。これらはまた相互的、コラボレイティヴ、協調的、平等、と言うセラピスト - クライエント関係での重要な特性を言っている。こういう姿勢が大切だと思うから、私は意図的にそうなる方向を選択している。

このような哲学としてのスタンスを身につけることで、クライエントとのコラボレイティヴな関係と対話のプロセスに参与することができる。これはひとつのあり方であるため、誰が相手（大学院生、会社役員）かとか、また何が課題（学習すること、チームを作ること）かとか、どんな種類の窮状（行きづまったケース、上司と部下の対立）かとかにこだわりなく自由に仕事が可能となる。

それでは、この哲学的スタンスはどのような形で展開するのか。こういう考えがコラボレイティヴな治療関係とそのプロセスをどう形作り、どのように影響を与えるのか。そのプロセスの専門家として、セラピストの役目はいったい何か。最初にまずこれら実践的なことをセラピーの流れを見ていきながら説明し、その後例証とアドバイスのため、クライエントと架空の人物の声を紹介していこう。

第6章
対話としてのセラピー

まさに対話が……識者の権威主義からわれわれを解放する。

G・B・マディソン G.B. Madison

対話の精神がそこなわれるのは、対話という一組の舞いを一人の理屈で踊った時だ。

ステイン・ブラテン Stein Braten

対話の可変的性質

私は長い間、セラピーでの会話の特徴とエッセンスとは何かということに興味を持ち、その背景も含め理解しようとしてきた。私は、会話こそ意味を見出していく最重要な手段であると信じるが、すべての会話が新しい意味を生じさせるとは限らない。では、新たな意味の発展につながる会話とはどんな特徴をもつのか。私は学生達に、彼らが誰かと話した時、異なる見地からものが見えるようになったり、新しい発想の芽が出たり、自由や希望を与えたりした時の経験を思い出してもらう。そして、助けにならなかった他の会話とそれがどう異なっているかを考えてもらうことにしている。

ポストモダンの見方では、人の行動はすべて意識的で、社会的歴史的な現実の中に存在している。その現実は、私たちの使う言葉によって生産され、再生産され、変化させられる。人は心理的または生物学的構造から来る内的要求をそのまま受け取ることはないし、状況やフィードバックといった外的制約のみで単純に結果を出すこともない。人が関与するシステムは、なにであれ、目にみえる機械的構造物ではない。人は意識を持った主体であり、他者との絶え間ないコミュニケーションを通じ、自らと環境を創り上げる。創られた意味や現実感は常に変化していくが、それは対話と象徴的相互作用に基づくと考えられる。社会的行為は、解釈し物語ることを通して自他に対する行動を調和（適合させ、組み合わせ）させる人々の結果として生じる。つまり私たちは経験をストーリー化したうえで生活する。

解釈し物語るというポストモダンの視点からすると、会話という言語的出来事は、意味を作り出すプロセスとして見ることができる。そして会話がもつ変化を促す性質は、その対話性の中にある、つまり、異なった文脈の中に人生の出来事を新しく位置づけてくれる会話の力によっている。会話を通して、状況に特有な、その人たちに見合った意味づけがなされる。つまり、聞きなれたストーリーを語り直す過程を通して変化が生じる。語り直していく中で、新しいストーリーは出現するが、そこでなにより人がストーリーとの関係で変化する。いわば物語的自己が変化する。

セラピーという会話は、クライエントとセラピスト間のやりとりと、その両者が自分自身と交わす静かな対話によって成り立っている。私はこのプロセスを対話（dialogical conversation）と呼ぶが、それは新しい意味（理解の仕方や経験の意味について）が現れ、共同で制作されていくプロセスである。そのセラピーでの会話とそれを通して生まれる今までにない新しいものが、主体性の確保と問題の解消へとつながる。

セラピーの会話とそれから来る変化

セラピーは対話の新しい方法を見いだすことにある。つまりクライエントにとって心配な事柄について新しく対話する方法を見つけることである。その目標は知識に到達することではなく、協力して新たな意味と理解を創造することにある。成功したセラピーでは、クライエントと共同で、今まで語り尽くされたストーリーを吟味し、まだ語られなかった新しいストーリーを紡ぎ出すことで、すでに構築された自分史をあきらかにすることができる（Anderson & Goolishian, 1988b, 1990a; Goolishian & Anderson, 1987a）。こうして発生した個人の物語が、その人に新たなアイデンティティをもたらすため、新しい意味、新しい歴史、新しい対話、そして新しい将来像を手にさせる。そのためには、クライエントの「物語的自己の転換」へと道をあけなければならない。ショッター（1994）によると、

セラピーは自分のために自分を説明できる言語を獲得することにある。こういう「セラピー」には決して終りはない。過去の出来事はいろいろなことと結び付けることができるが、さらなる結び付けが可

能な分だけ、未来は見えないでいる。ここでは、人がいかに過去の出来事を将来への働きかけとなるように思い起こすかということが問題だ。つまり過去は固定されていないので、旧来重大と考えられた事柄をいかにモデルチェンジするかということだ。これは個人のサイコセラピーに留まらず、ヴィトゲンシュタインの言う現代の社会病理の治療でもある。現代のわれわれの病理は、ものに対し不思議に思う能力の欠如にある……見たことがなく、ユニークで、未知で、目をみはるものが、俗世間の日常の中にあることに気づく能力の欠如である（p.11-12)。

このように自然で自発的な変化が結果として起こる解釈学的なプロセスでは、クライエント、セラピスト双方が変化を余儀なくされる。自己のかたちもまた変化させられる。セラピストが不変でいることは不可能だ。L・コード（1988）は、「丁重な会話や討論と比べて、純粋な対話からは参与する双方の変化がみとめられる」（p.188）と述べた。

では対話とは正確には何か。変化のエッセンスとは。新しいものへと進展しない会話との違いはどこにあるのか。人は語ることでどう変わるのか。他者あるいは自分との対話は、どのように自分に見え、感じられるのか。友人との会話とセラピストとの会話では、何が違うのか。サブリナにとってジェーンとの会話の何がそれほど助けになったのか。

会話

会話は、ただ言葉を話すだけではない。それは私たちのありかたそのものだ。「会話する人の姿を基本的なわれわれの存在形式」とロム・ハレーHarre（1983, p.58）は捉えるが、ショッター（1993a）も同様なことを述べている。

人生はまさに対話が基本だ。生きるとは対話に参加すること、つまり質問し、留意し、返答し、同意することなどなど……。この可能性を奪われた人は、少なくとも、屈辱と怒りを感じるだろう（p.62）。

会話はひとつものとして存在するわけではなく、単一の定義は不可能である（Searle, 1992）それは刻々と文脈、参加者、状況がかわる中で立ち上がり形成されていく。しかし会話としての特徴をあげれば、

1　人は必ず、日常の生活から得た、たとえば自分は誰かというような概念も含め、枠組みをもって会話に参加する。

2　会話は状況とともに生じるが、その状況はローカル（いまここの対人関係）なものやより広い（文化的、社会的、歴史的な）ものがある。

3　ひとつの会話は、過去の無数の会話と関連し、かつそれらに影響されて存在するが、未来の会話の一部となってそれらに影響を与えていく。つまり会話は単一の出来事ではない。
4　それぞれの参加者が目的、期待、意図を持ち寄り会話を形成する。
5　参加者の間で交わされる会話は、同時に参加者自身の内なる会話を伴う。

これらの特徴は、会話一般に当てはまるけれども、可能性を育む会話、特にセラピーの会話を理解するために、私は会話を二種類に区別してみたい。つまり新たな意味が出現する会話とそうでないのとを分け、それらの会話を対話的（dialogical）に対して、独白的（monological）としてみる。

対話——共同での探究

セラピーにおいても他の状況においても、対話は、共同探究（shared inquiry）という特徴を持つ。すなわち、調和をもった持続的なやりとりと、それを通して考え、意見、バイアス、記憶、所見、感情などを話し合い交換することだ。共同探究はプロセスであり、その参加者は相互交換と「共にそこにいる」という特徴をもち、流動的な状態に身を置く（Anderson & Goolishian, 1988b; Goolishian & Anderson, 1987a）。その際、相手に対してというより、相手と共に話をする。参加者は他者の言っていることや気持ちがわかっているという前提に立たないで、言語を介した交渉の中から、他者のことをわかろうとして関わる。言葉が生命を持つのは、その場の問題を理解し何らかの目的を達成するため、参加者が正直に他者あるいは自分と意見交換をした時だ（Gadamer, 1975）。共同探究を通して理解を深め意味を生成することが対話のプロセスの重点だが、それはとりもなおさず、ここで言うコラボレイティヴ・アプローチの本質でもある。共同探究におけるいくつかのポイントを、以下の、（1）対話の空間、（2）相互探索と相互発展、（3）会話の中からの理解、（4）内なる対話、（5）語られていないことへの注目、（6）会話の背景、（7）会話への所属、それと、（8）共有される意図、という点から説明してみたい。

（1）対話の空間

共同探究には対話のためのスペースまたは空間が必要だが、これは比喩的に会話の参加者間（自身も含む）にある余地を意味する（Anderson & Goolishian, 1988b; Goolishian & Anderson, 1987a）。対話の空間とは、複数の考えや信念や意見を受け入れる思考の空間をさし、それはモノローグ（独白）の空間と対照をなす（Braten, 1987, 1988）。モノローグの空間では、思考が動きに欠け、他の考えは排除される。対話のための空間は、流動的かつ変化に富む考えや行為を促す過程には不可欠だ。それはアイルランドの昔話にある「五番目の領地（Fifth Province）」（McCarthy & Byrne, 1988, p.189）のケースに似ている。終わりのない対立と競合から抜け出せない四つの領地の人々が自国から離れて「懸案の処理」のために出向く想像上の国（スペース）のことだ（McCarthy & Byrne, 1988）。「懸案の処理」とは、対話あるいは会話のことだ。言語学者のサール Searle も、会話の構造に言及する際、「ひとつひとつの発話行為は、その反応として適切な範囲、つまりスペースを用意する」（Searle, 1992, p.8）と述べた。セラピーという対話は、クライエントの日常にない空間や状況を提供するが、これはクライエントが「可能性の全範囲を自由に徘徊できる」（Shotter, 1995b, p.68）よう、対話の余地を作りだし維持するセラピストの能力にかかっている。対話の余地を創らずして、これまでのストーリーがその内容と語り手に変化の機会を与える新しい物語となることはできないだろう。

（2）相互探索と相互発展

セラピストは、クライエントが自分の心から離れない問題を持ってセラピーに来た目的に対し、協力して共有できる意味を探る。そこに両者が共同探究に参加する力学があり、セラピストは一緒になってその場の難題に頭をしぼる（mutual puzzling）。既知の事実（問題についての見解、ストーリー、解決法というクライエントの言い分）に再度深く入り込み、かつ新しいもの（両者にとっての新しい意味、現実観、人生の物語）を相互に発展させる共同作業だ。

そこではセラピストの学習が共同探究につながる。思いやりを持ちオープンな姿勢でセラピストが相手の経験を知ろうとすると、共同の探究プロセスがスタートし、話題がかみ合うことで前進する。セラピストがクライエントについて学ぶことで、クライエントの側にも好奇心を起こさせ、目の前の問題についての共同での探究へといざなう。セラピストが、相手のストーリー（ものの見方、体験、望み）について学び理解し始めると、最初質問をしてそれから答えを聞くという順序での学習形式は、次第に共同探究の特徴を持つ会話へと変化していき，共同で探っていくことで，固定的で凍結されたモノローグに変化が見え始める。この創造的な探索過程の中では，クライエントとセラピストは，物語を共同制作する協調的関係，つまり会話のためのパートナーシップを形成するが，セラピストと共に解釈と理解にむけ奮闘する過程で，会話に「所属」し「参与」する（Shotter, 1994)。この時セラピーはコラボレイティヴなものとなるといえる。

クライエントを主人公とする個人的な物語（一人称の物語）の理解には，共同での探究が不可欠だ。クライエントの物語風の説明が，私の理論的な説明以上に案内役を務める。セラピーの会話から生じたものは，その会話の中に起源を持つので，外部からの理論で解釈するのではなく，内部の参加者によって創られていくべきだ。これが共同制作《コラボレイション》である。セラピストとしての私の役割は，一人称で語られるクライエントの経験や事件に，クライエントと共に参加することだ。会話のこうした形をハリー・グーリシャンと私が紹介したところ（Anderson, 1990; Anderson & Goolishian, 1988b, 1992)，ショッター（1993a）はわれわれについて次のように述べた。

彼ら（グーリシャンとアンダーソン）は，クライエントの一人称の声が聞こえてくるように会話の「スペース」を開けたいと望んでいる。つまりそれはクライエント自身が自分は「誰か」を表現できる余地であり，おかれた立場がどのようで，その特異で苦悩に満ちた世界はどのようなものか言い表せる余地である（Shotter, 1993a, p.118)。

対話の参加者が、互いの創造力と意識を高めるため余裕を作ることを間主観的（intersubjective）と捉える学者もいる（Braten, 1984）。セラピストは「円環的相互作用システムの部分」（Gadamer, 1975, p.361）にすぎないし、「意味の循環の一部」（Gadamer, 1988）にすぎない。「意味の循環」とは、セラピストが一定の枠を持ち込み、前もって得た理解から始めていく、その対話の過程をさす（Heidegger, 1962）。したがって、現れてくる意味は、セラピストとクライエント双方が会話に何を持ち寄り、どのようなコミュニケーションをするかにかかっている。新たな意味が発せられるには、セラピストにとって話が目新しいこと、そして相手とのまた自分自身との会話に耳を傾ける能力が備わっている必要がある。ガダマー（1988）は読書を想定して次のように述べる。

> テクストを理解しようとする人は、同時に自分に何か言い聞かせようとしている。これが、解釈学的に訓練された精神が、テクストのもつ新しさに最初から敏感に反応する理由である。ただしこの種の敏感さは、物事に対する「中立性」を意味するわけでも、自分自身を消し去ることを意味するわけでもない。そうではなく、自分固有の偏りを意識的にテクストとすり合わせてゆくことで、テクストはそれ自身のもつすべての新しさを現前させ、読者のもつ意味に対抗して、それ自身の真実を主張できるようになる（p.238）。

(3) 会話の中からの理解

会話の中での理解は、会話の状況によって常に限定され、その場に固有なものだ（Garfinkel, 1967; Shotter, 1993a）。理解は会話の発展の中で得られ、外からの観察によってでなく、会話の参加者によってのみ得られる（Garfinkel, 1967）。同時に、解釈学的に言うと「理解する立場に優先順位はない」となるだろう（Hoy, 1986, p.399）。たとえば、セラピストやその他専門職が、ワンウェイミラーから見るような、出来事を外側の特権的な位置から言及できる「メタポジション」について話すことがあるが、私たちは出来事やセラピーの会話に対して「メタ（上、外部）」であることはありえない。私たちはものごとに参加しているのだ、すなわち様々な理解、立場、視点から、見聞きし話し合いに参加している。それぞれの立場は、多くある立場の一つである。人は会話にそれぞれ独特な見地と体験から参加するので、それらは他の参加者とは異なることが多い。面接室のセラピストの体験とワンウェイミラーの後ろの印象がしばしば異なるのは、ひとつにはそのためだ。また、児童福祉のワーカー、親、そしてセラピストが同じ場に居合わせても経験が異なり、娘の男友だちを夕食に呼んだ母親の報告が、娘やその友だちの記憶とは違っている理由もそこにある。

人間は、解釈する生き物だ。しかしそれは伝統的な精神分析のいう意味においてではない。理解とは「解釈していく過程」のことで、ドイツ語の deutung が近いが、より深い意義や感覚に行き着くための物語をさす。そのような解釈の過程、つまり深い意義や感覚に行き着くことで、相手の語りに新しい意味が付加される。対話的である特徴は「ジョイント・アクション（共同の行為）」にあり、そこでは「人々は自分の動きを他者のそれと調和させながら、そこでの動き、望まれることなど、そこで生じたことを通して，互いに反応しあう」（Shotter, 1984, 1993a, p. 39）。ジョイント・アクションが意味するところは，

発話の形成が，話し手だけにすべて帰するものではない点にある。実際の場での発話自体がジョイント・アクションだ。つまりその発話行為の瞬間において，過去の人や現在いる人から影響を受ける可能性があるし，またその影響は発話の中に実際見てとれることがある（Shotter, 1995b, p.66-67）。

私たちは，他者の経験に近づくことは可能だが，他者の持つ意味を完全に理解することはできない。相手が言っているであろうことから見積もって，理解に近づくだけだ。理解とは，一から十まで完全に同意することではない。ある人（クライエント）は，他者（セラピスト）が幾分か理解していると思うことに同意できるだけである。理解に近づけない理由は，対話の中から引き出されてくる，ローカルな，つまりその時その場に適した質問や反応や背景を把握していないからだろう。完全に理解するなんて無理だろう，なぜなら会話を通して語り手（クライエント）のストーリーは，その人の経験とともに変化し，聞き手（セラピスト）もまた変化するからだ。しかし今までと異なる何かが，そういう理解の過程で生まれる。

社会学者のハロルド・ガーフィンケル Garfinkel（1967）は，確信を持って言う。つまり，人はその時の対話という，ローカルな状況で交渉され取り決められてきた意味でしか，言われたことを受け取ろ

うとしない。理解や意味は、難しい交渉の上に成り立っている。語られたことの意味は、参加者が共有できる会話を通して出された多くの意味の中から可能なものを選ぶチャンスを利用するまでは、常に不明確のままだ。理解は、対話のあり方次第で、常に発展していく。したがって理解の仕方を変えることが、新しい意味の発生につながる。

哲学教授のヴァハターハウザー Wachterhauser（1986a）は、ガダマーを引用して次のように言っている。

本物の、しかもオープンな会話では――それは参加者が一生懸命問題の理解に取り組むものであって、「自分の点数を上げたり」「立場を防衛したり」することではないが――たとえば、問題に対する新しい見方を示唆するような洞察、喩え、枠組みが現われたりするし、話し合いをそれまでとは異なる地平に導く新しい概念やボキャブラリーが打ち出されたりする（p.33）。

会話が進むにつれ意味が生成されるので、結果は予測することはできない。どこに行きつくか推測しても、それは保証の限りではない。「真の対話は、予知しなかった、また意図しなかった方向での理解に、参加者を進ませるものだ」（Wachterhauser, 1986b, p.227）。そこに秘められているのは、対話の状況からでしか出現しない意味の可能性であり、そこに対話のもつ威力の不思議があると思う。

（4）内なる対話

言語によって会話は起こる。私たちは会話をしながらどう反応するか積極的に準備し、思考を言葉に直している。ロシアの心理学者ヴィゴツキー Vygotsky（1986）は、彼の著書 *Thought and Language*「思考と言語」の中で、思考と言語の間の相互作用の観点から、思考から言葉への移行プロセスに言及した。納得したり、意味を見つけたり、考えを口にすることは、直線的ではなく、対話するように事柄を関係づけていく過程だと捉えている。ヴィゴツキーはこの心的プロセスを「インナー・スピーチ」と呼んだ。

> 思考から言葉への道筋は、単純な置き換えではなく、思考と言葉の間での連続的往来のプロセスを伴っている。そこでは、思考から言葉への関係そのものが変化の対象となり、進化していくと考えられる。思考は単に言葉を介しての表現にとどまらず、言葉を通して現実となる。思考には、いろいろな事柄を関係づけようとして、あるものと他のものとを結びつけようとする傾向がある。どんな思考も、揺れ動き、成長発展し、役目を果たし、問題を解決しようとする（p.218）。

ヴィゴツキーは右を受けて、「しかし思考と言葉との繋がりは、一定に確立されているものではない。その繋がり具合それ自体も、発展し進化していく」（p.255）と言う。

こうしてみると、過去の出来事についての異なる理解を得ようとして、物語の断片をあちこちに動かし組み立て直すことによってのみ、新しさが生じるわけではない、そういうこともないとは言えないが。またクライエントとの間で生じる物語は、セラピストの巧みな即興が一方的に創る新しい物語（例、理論や他の規範からの）でもない。ヴィゴツキーが示唆するように、新しさとは進化していくものだ。

(5) 語られていないことへの注目

私たちセラピストは、生活上の出来事をしばしば事物として見る。そして学説に影響されて、出来事には唯一のストーリーがあり、発見し知りうる決定的な部分があると、うまいこと信じ込まされている。私たちは、話のいわゆる核心に行き着いたと思った時、聞くのを止めて、未だ語られていないことに対しての道を閉ざしてしまう傾向をもつ。（私のよくする「津波の解消（Dissolving Tidal Waves）」という話の中に、リー・アンというセラピストが出てくるが、彼女はキャロルのことをわかっていると思い込んで、結果的に彼女自身とクライエントのキャロル双方の可能性を奪ってしまった例がある。）この可能性に道を開ける点に関して、ウンベルト・エーコ Umberto Eco（1984）の小説『薔薇の名前』に以下の印象的な言葉が見られる。それは、「筋書きはなかった、だから私は〝誤って〟それを発見した」というものだ（Shotter, 1993a, p.135）。

哲学者ハンス・リップス Hans Lipps は、言語での説明は必ず「表現されない領域」（Wachterhauser, 1986a, p.34 から引用）を持っていると言い、ガダマーは、これを「未だ語られていないことの無限性」と呼ぶ（Gadamer, 1975, p.424-425）。コミュニケーションは、単語であれ言い回しであれ文章であれ、完全、明確、そして単一義ではない。コミュニケーションには、必ず言外の意味と共に新しい解釈の可能性が伴われる。伝達行為はすべて、新たな意味と表現の源だ。語られる問題とその中身の意味は、したがってセラピーの場合も含め、進化する可能性を持っている。

セラピーにおける資源とは、「語られていないこと」や「これから語られるべきこと」、つまりクライエントの私的な思いや自分の中だけの会話というような「表現されない領域」をさしている。ヴィゴツキー（1986）が「インナー・スピーチ」という概念で、あるいは思考から言葉へのプロセスで説明するように、私的な思いや自分の中の会話には、形成途中にある考えとともに、これまで口に出されなかったことも含まれる。これらは、ひとえに言語と語りの中に宿る創作力という資源であって、それは精神構造（例、無意識）や生物学的組織（例、脳）や社会的組織（例、家族）の中に在るものではない。人が変化できるのは、むしろ言語で他者と結びつきをもてる能力の中にあるし、また言語を通して、自分にとって意味を持つ現実を創り出す能力にある。人はこれらの能力を使って、絶えず相互に自分の生き方を再編し、「自己の能力を低下させず、反対に力をもらえるような新しい自己イメージを開発する」(Shotter, 1991a)

共同探索としてのサイコセラピーは、したがって「語られていないこと」や「語られるはずだったこと」を言語化しその範囲を広げていくプロセスと言える。それは、対話を通して新しい意味、主題、物語、あるいは歴史を展開することであり、そこからその人の新たな自画像が描かれていく。しかし、言葉にならなかったことを言語化し、さらに言い直していっても、それでもまだ表面に現れない無限の可能性がある。ショッター（1993a）はこう警句を発する。

ストーリーは、ある状況の下で自分の行動をその場に適したものにするにはどうしたらいいか、教えてくれる。しかしその危険性は、話して明らかにすることによって、ひとにぎりの可能性しかわれわれに開示しない。つまりストーリーは、可能性の範囲が全体ではどれほどかを容易に隠してしまうのだ（p.147）。

（6）会話の背景

ショッターの言う会話の背景とそれに所属するという考え方は、なにかを生成していく対話の性質を、制限を加える性質を持つ独白的会話《モノローグ》と区別する際、有用な目印になる。これらは、バフチン Bakhtin（1986, 1990）の言う、人は「対話的な応答を通して共につながり」そして「目に見えない第三者」とも結びつけられているとする考えからの影響だ。つまり「対話自体に応答する第三者の人たちがあたかも参加者の頭上に目に見えない形でいて、それらを背景として対話は起こっている」（Bakhtin, 1986, p.126）とする考え方と言える。

ショッター（1995b）は、会話とその背景（p.52）の「社交的（social）」な意味を説明し、会話において人は「自分の精神内界の表現をもとにするより、反応し応答することを通してお互いを理解し合う」（p.49）と言う。私たちは「過去になされた行為と未来に予期される行為の両方に対し、それらに対話的に応答することで繋がりを持つ」（p.53）。発話は、バフチン（1986）の言い方では、どんな場合も「受け手を想定している」（p.126）（それは自分かまたは別の人であろうが）、そして同時に、発話は目にみえないがそこに居る他者からの（他者性からの）反応として予想できるのは何かということにねらいを定めている。あたかも「対話あるいは会話自体が創ったもうひとつの声が、対話のパートナー同士の中から現れる」かのようだ（Shotter, 1995b, p.50）。この三者が「ものを形づくる主体（form-shaping-agencies）」（p.54）として、私たちの社会的行為を可能にしていく会話の背景だ（p.53）。私たちの行為は、私たち自身の中でだけ組織化されるのではないし、その場の他者のみから、あるいは参加者を離れた状況のみから組織化されるのでもない（Shotter. 1995b, p.53）。

繰り返すが、サール（1992）が言ったように、「ローカルな対話や会話においては、ひとつひとつの発話行為は、その反応として適切な範囲つまりスペースを用意する」（p.8）。その範囲は、その時その時で決定されてゆき（Shotter, 1995b）、予測し得ない。ガーフィンケル（1967）が言うには、意味は「方向性」を示唆するが、前もって規定することはできない。参加者が話が進むにつれ意味を見い出していく、それだけだ、と彼は言う。

「対話が進むにつれ」とは、相手の言葉を聞いて反応する「レスポンシヴ・リスニング」（Shotter, 1995b）を介して、という意味だ。つまり「自分だけの構想で動くのではなく、それにも触発されつつ、状況に対して応答していく」（p.62）。それは、積極的に理解しようという姿であって、話者が言うことを理解可能なものとして反応するために、不明な点やギャップを埋めていく作業だ（Shotter, 1993a, p.33）。単独ではなく、共同で物事の繋がりを見つけていく努力の中から、新しいものが現れる（p.61-62）。それはまた、不明な点に何か「補足」していくプロセスとも捉えることができる（Gergen, 1994, p.264-271)。

(7) 会話への所属

私も、ショッター(1993a)が述べるように、われわれは「応答されること」でつながりと所属感を持ち、またそのことが対話の成立にとって最重要なことだと信じている。

なぜなら、集団の中の個人が、その帰属集団の創る現実に自分も「所属している」と感じることができるのは、その個人の言うことに他の構成員が真摯に反応しようとする時に限られているからだ。言うならば、その集団の「現実作成」のプロセスから除外されることなく正式の参加者として扱われたならば、ということだ。その時はじめて、自分がおかれた現実が、他者のものであると同時に自分のものだとも感じられるだろう(p.39)。

テレサというクライエントの、これまでのセラピーでの経験や現在のセラピーに期待することについての話は、この所属の点に触れている。問題にはいろいろな取り組み方があり、自分やセラピストから賢明さを引き出すにも多くの方法がある、とあらためて気づいたと彼女は話す。そして私たちのセラピーを評価するために行われた面接で、「こちらの考えを押し付けられてきたとあなたは感じますか」という質問に彼女はこう答えた。

いいえ、むしろ逆で、セラピストは私と経験は共有するけど、ものごとがどうあるべきかを指図することはありませんでした。過去のセラピーでは、私の方が間違っていて、それに気づくよう言われてきました。ここでやってみると、私は良くなっていくし、何か新しいものも築ける気がしてきました。

これまで一般的なセラピーでは、それは許されません。つまりセラピストが言ったことに従うのです。セラピストの言うことが唯一のやり方になります。ここでは一緒に考えてやるから……大変な挑戦になり、またエネルギーをもらえます。「私たちはチームであり、また同じ船に乗っている」だから「一緒にやろう」というここの言葉にもありますね。（さらに新しく主体性を持ったことに関して）五年の間も悩みに自分を奪われてきて、これ以上私に力は残ってないと思っていました。でもそれは、実は初めからずっとそこにあったのです、そして今でも。私は、自分はこれでいいのだと言え、自分と折り合いをつけて成長できる余地があることがわかりました。

次の章にも出てくるトーマスというクライエントは、彼を理解してくれなかったセラピストや医師について話し、その時に感じたことや悲しみ、孤独感についても述べた。対照的に現在のセラピー・チームは、彼にとって助けになり、ほっとしている様子だが、この人間関係とプロセスに対し彼自身が所属感を抱いていると私には思える。彼曰く、

数人の近い友だちは別として、ここへ来てぼくは、人生で初めて人に信じてもらえた気がする。居心地が悪かったり、ぼくを疑いの目で見るセラピストたちの身振りや表情を感じたことはない。彼らは、

ぼくの言いたいことを言わせてくれ、それを聞いてくれたが、そこまでには長い時間も要した。

学生たちも、この所属感について次のように言った。

「いちかばちか、とにかく言ってみよう、思い切って」という雰囲気にさせられた。

質問をして答えてもらえるとは、思っていなかった。

このワークショップで私は知識をもらおうと思い、話を聞きに来た、「壁にとまった蝿」のように静かに。私は学校のクラスでは発言することなどないけど、ここではただ聞いているのは不可能だった。ここだと私は求められているし、私のほうから話したくなった。

しかし、こういう会話でありさえすれば、無条件で参加者同士が調和のとれた感じをもて、そしてそれでいいというわけではない（Shotter, 1993a, p.39）。対話では、意見の一致が必ず必要とは言えない。それはむしろ自分の考えやわけのわからないことや強制的な態度が並んで存在できる余地を作ることを私たちに求めている。そしてそれらに替りうる新しい創案や意見が出てくる下地ができること、これが求められている。そのために私たちは、参加者がその場の意味を合意できるよう、お互いそれに向け貢献する機会を与え合う必要がある（Shotter, 1993a, p.27）。この機会が存在した時、私たちは意見の一致なくして会話に所属していると感じることができる。

（8）共有される意図——意図をもつ会話

広い意味で人の行動は、会話も含めすべて意図を伴っていると私は考える。私たちは意図をもった存在で、それなくして行為におよぶことはできない。たとえば「私はこうするつもり」、「理由があってこうしたい」、「私の目的はこうだ」というように、行動は全て外に、つまり自分以外の何かに向けられるか、あるいはそれについてである（Shotter, 1995b, p.51）。しかし、その意図は自分一人で作り上げたものではない。社会構成主義の見地からは、目的や意図は、ものごとの意味や理由がそうであるように、単独であるのではなく他との関係上にある。それらは人々との交わりを通じてできあがり、そこでの社会的状況から切り離せない。そのようなことから、意図の共有という考え方が出てきた（Harre, 1983; Searle, 1992; Shotter, 1993a）。サール（1992）は発話行為を意図という視点から見ようとする。

> 会話においては意図が共有される、という点を私たちは知っておく必要がある。会話は集団行動の模範例である……役割分担をもった集団行動は、まさに社会現象そのものであって、多くの社会行動の基盤である。私たちは今日、意図を厳密に個人の問題として扱ってきた分析手法の伝統のおかげで、この事実を見逃してきた（pp.21-22）。

ジョイント・アクションとして歩調を合せることには「意図性」がある、とショッターも述べている(1993a, p.39)。それは、通常個人の内的精神活動として見られがちの意図から、共有される意図への重心の移行である。つまり参加者が共有できる「有益な意図」を、その会話から撤退するのではなく、話し合いながら見つけていくことだとしている（Shotter, 1995b, p.60)。

では、セラピーという会話の目的や意図はどこにあるのだろう。どうしたら意図を共有することができるのだろう。対話に参加するセラピストにとって必要なのは、クライエントの行為、思考、陳述等の要点と意図を見つける際、あらかじめその意図がわかっていると想定するのではなく、会話を通し両者でその意図を汲み取っていくことだと思う。ただここで、セラピストの意図が会話の目的に見合っているかどうかは重要な点だ。そしてまた、会話の目的と言っても、それは事前に決められているのではなく、その場その場で相互の交渉によって決定されていく。この継続的な相互交渉による意図、これが共有される意図という意味だが、これを保証していくのがセラピーという対話の際立った特徴だ、と私は考えている。

対話《ダイアローグ》と独白《モノローグ》

独白《モノローグ》という形式では、聞く人は会話に入り込めない、したがってそれは相手に対して開かれていない。そこでは「ひとつの見方が支配的となり、閉じられた世界を作る」(Goolishian & Anderson, 1987a, p.532)。対話《ダイアローグ》と対照的だが、独白《モノローグ》には共同で探索する余地はなく、ひとつの見地からのみ人との関与が許され、新しい何かが現れる可能性は奪われている（Anderson, 1986）。私は以前、独白《モノローグ》を「会話の挫折（breakdowns in conversation）」として捉え、どのような理由で、またどのような時に、対話が独白形式に陥るか論じたことがある（Anderson, 1986）。

この二つを区別するのに、ノルウェーの社会学者S・ブラテン Braten の説明が役立った（1987）。

独白形式の思考やコミュニケーションには、支配という要素があり、ひとつの視点を優先して話の領域を制限する。一方、対話形式の思考やコミュニケーションはそれとは違い、参加者の視点がそれぞれ相補的だが自律していて、創造性と自覚に結びつく（p.10）。

独白《モノローグ》が生じるのは、矛盾せず、割り切れ、そして結論を求めるわれわれの心理的傾向と関係している、とブラテンは言う（1988, p.3）。さらに彼は、人は社会化されることで、最初に話の領域を定義した人物とそこから築かれた知識に逆らえなくなり、その人物をそれゆえ正しい権威として認めざるをえない、と述べている（Braten, 1988, p.4）。支配的影響力はもつが、その専門性からは公平さは保証されない。

独白《モノローグ》についてのバフチンの考えを元に、ショッター（1993a）も「独白主義」は、極端な場合、平等な権利と責任を持つはずの他者の意識を否定、いわば他者の一人称の声、つまり「汝」の存在を否定する、と言っている（p.62）。バフチンを引用して、「独白《モノローグ》では、話は完結していて他者の反応に耳を貸す必要がない、また反応を貰うことを期待しないし、その中にある決定的な力に気づこうとしない」と書いている（p.62）。

独白《モノローグ》と対話《ダイアローグ》を区別する私の意図は、前者を病理と捉え、後者を正常と見ることにあるのではない。たとえば意見の相違が病理的だとか、独り言はいつも独白《モノローグ》に終始するというふうに私は思わない。私がこれらの用語を使うのは、日常の会話とセラピーの会話に共通して、独白的傾向が減少し対話の可能性が拡大する会話を、そうでないものと区別したいがためである。

会話の挫折

会話の挫折について考えてみよう。たとえば、家族を例にとると、そのひとりひとりは直面している問題が何で、それをいかに治すかというあたりで、それぞれ異なる見解を持ち、問題のありかに関して「実在論的」な（問題というものが存在するといった）立場を取りがちだ。問題を感じている家族の状況に特有なこととして、それぞれの意見が不一致をきたし、それらを交渉するすべのない時、その相違は微妙なあるいは露骨な形で、衝突を始める。そうなると、団結して取り組むことはなく、解決不能の状態へと発展しかねない。

異なる現実感は、おうおうにして増幅され「争い合う現実感」へと進展する（Anderson, 1986; Anderson & Goohshian, 1986）。つまり、家族の誰かが自分の見方に凝り固まり、その正当性を他の人に納得させようとし、他の人の意見を根拠なく狂気じみたものとして扱うことに注意とエネルギーを注いだ時、それは起きる。競合する行動は他にも飛び火し、また慢性的なものとして定着する。相互利益に繋がる話し合いは停止し、アイデアが交換されることはなく、偏見が調停されず、考え方が固定化する。会話は繰り返しが多くなり、理解しあえなくなり、論争や偏見を持たずに複数の意見が並立できる隙間がなくなる。さらには、このような意見の衝突は、最初の問題そのものより大きな問題になってしまうだろう。

これらの障害をかかえた状況では、会話の中を飛び回れる空間は狭められ、対話《ダイアローグ》は独白《モノローグ》へと陥る危険性をもつ。ちょうどそれは互いを壁で仕切るのに似ている。アイデアや意見が交換され開花していくことがないし（Anderson, 1986, p.9）、何も動かず新しい意味が訪れることもない。人は己に対してのみ話をし、同じような言葉を繰り返す。それぞれの独白《モノローグ》は平行線で接点を見い出さず、また尊敬され、話を聞いてもらい、真剣に受けとめてもらう人は結果的にいなくなるだろう。誰もがそこに繋がりを持てず居場所がないものとなる。

会話の挫折はセラピーにおいても起き、クライエントとセラピストが、それぞれの意見や偏見を持ち、お互いを相容れない。この相違が、摩擦や考えの隔たりやあるいは退屈さを助長し、会話を停止させてしまうことになる。セラピストはしかしクライエントと意見の一致をみるため努力するのではないし、またそれを目標としているのではない。私は意見の一致や統合を価値下げするつもりはないが、それらを追求することで、他者と未知なるものが持つ深みは、私たちとは無縁なものとなりかねないことも指摘したい。セラピストが望めば、両者の相違は好奇心と他者への寛容性を広げるための糸口として利用可能なのだ。

私たちセラピストは、ついつい会話の停止をセラピーの行き詰まりや抵抗として考えがちだが、これはクライエントを場の状況から切り離し、その人たちの本来の特徴としてその現象を見ようとするからだろう。たとえばあの家族は拒否的だとか、あのクライエントは良くなりたくなくて抵抗していると非難したくなるが、私は会話の挫折とは相互依存とやりとりの過程からくる動きであり、それは人と人との間、つまり人間関係の上に存在するという点に強調をおきたい。

会話が挫折するのはいかなる場合も相互作用と人間関係からだが、私はかつてこうした行き詰まりと抵抗をセラピスト側の怠りとして論じたことがある（Anderson, 1986）。それらは、

ひとつには、（a）ある状況について複数の現実が存在しうることに対する自覚と認識の不足、そして（b）複数の現実を踏まえて、やりとりに制限を加えないように働きかけ、紋切型にならないよう考えに柔軟性を増していく努力の欠如である（Anderson, 1986, p.13）。

セラピストにその原因を求めるのが私の意図ではないが、行き詰まりに気づきそれに応えていく立場にセラピストがいることも事実だろう。ハリー・グーリシャンが何度も言っていたように、「セラピストが変えることができる人がいるとすれば、それは自分自身なのだ」ということかもしれない。

セラピーでの会話——その枠組みと構成部分

どのようにしたら、発展性があり水平な人間関係の下に共同作業する対話が可能になるのだろう。クライエントを「専門家」として見る対話では、いかにその空間を広げ、新しい言葉でクライエントの問題を話す方法を見いだせるのか。真実は一つと見る実在論的な立場から複数のそれを許す解釈学的な立場へ移行するにはどうしたらいいのか。未だ語られていないことを探し当てそれを延ばしていくにはどうすればいいのか。こういう姿勢を自分の哲学として臨むセラピストを観察したら、そこに類似性が見られるであろうか。そして、このようなやりかたでの留意点は何なのだろう。

会話の枠組み

セラピーという会話は、以上の立場に沿えば、自然にかつ自発的に話が出され、一瞬一瞬のやりとりの力学に従い、ジグザグにあるいは齟齬を生みながら進む特徴を持つ。そこにはガイドラインとしての質問項目や決まった順序でのやり方がない、つまり台本がない。何を質問するか事前に知ることも、期待どおりの答えを得るための言葉選びもない。セラピストは一緒に進める会話の外側でなく内側にいるのだから、私は気取らず自然にそこに参加したいと思っている。そのため、外部の観察者やセラピーはこうあるべきとすでに見解を持った人たちには、その会話は無秩序に映るかもしれないし、セラピストは面接をコントロールできていないように映るだろう。実際できないのだ。一定の方向に会話をもっていくことで面接をコントロールするのでもないし、またセラピストがその進展に対して責任があるというわけでもない。新しいものは、対話そのものの中から顔を出すのであって、セラピストが一方的に外側から持ち込み話題としたものからもたらされるのではない。つまり会話の成果は、前もってわからないし、予測もできない。成果をもたらした個人を特定することができないのは、協力して会話を組み立てるからだ（Shotter, 1993a）。したがって双方が結果に満足できることも大切だ。

セラピストはいつもある一人に向かって話をする。それは、会話に活気がなくなるというのではないし、他の人が話したい時に話すことができないということではない。と言うより、セラピストは他の参加者を意識しつつ、ストーリーを語る人に全注意を傾けることを許されていい。実際、私は熱中して話に聞き入る時、話す人の方に体が傾きやすいと人に指摘されることがある。

他の参加者は聞く側に回り静かに思いを巡らすが、それは個人の中での内的な対話と言えよう。その場合、参加者がさして防衛的にならずに聴くことができる理由はいくつかある。まず、ある話者とセラピストが織り成すストーリーは、それぞれ特異なものであること、だから自分に番が来て話す時、セラピストは言うことを重要視して聞いてくれるだろうということ、したがって他の人のストーリーをさえぎったり修正せず、むしろ何かを追加したり話を広げたりしたいと望むようになること、などがあげられる。しばしば「えっ、私知りませんでした！」とか「あなたの口からそういうこと初めて聞きましたよ」とか言うのを耳にするが、隠し事や知られてないことが明らかにされることは少ない。内容が全く新しいというより、話のつなぎ合わせ方が異なっているのであって、それはショッターの言う話の「配置変え」とかガダマーの「話を新しい土壌に移す」という考えに近い。

ある母と娘を担当するセラピストが，私がその母子と話すのをワンウェイミラーを通して観察した。そのセラピストは，見る側に回り静かに考えを巡らすことで，「あっ，そうか」と気づくなにかがあったと言う。彼女はその経験をこう語る。


私はミラーに近づいた，その時「はっ」と思った。その場で家族と居合わせているようだ，それでいて何かがわかってくる気がする。それは本を途中から開けるようで，わからないこともあるが，同じ順序で同じことが話されている，前私が聞いた話だ。でもワンウェイミラーを通して見ると明らかに違う。誰がどうしたというのではないが……私は話がより理解しやすい形に整っているように感じた。ミラーの後ろで聴くのは違う，外部だが内部にいて，同じようには聞こえてこない。


この時から彼女はこの家族をより深くわかり，母と娘の相違についても新鮮な目で眺めることができたと言う。以前はなかった希望がが見え，肩の荷が下りたようだ，と。そこからセラピストとしての自分の役割が新たに見えてきた。

もうひとつ，ある女性は夫と家で話すのとセラピーで話すのと何が違うのかと考えていた。「何なのでしょうね。同じことをここでも話すのですが。なぜか，ここでは違う喋り方をしている」と言う。

この二例とも，トム・アンデルセンがセラピーで目指すとしていることに相通じるものがある。それは「私はその人たちが彼らの間では今までしなかったような会話を実現したい」（Andersen, 1991）とする彼の言葉に表れている。話し方の変更は、聞き方が変更されたことも意味している。

対話の構成部分とその相互関係

対話の過程には、以下六つの同時に関係しあい重複しつつ連続性を持った構成部分があるが、それらはすべて、コラボレイティヴでポストモダンな姿勢と関わっている（Anderson, 1986）。

1　「セラピストは自分の中に対話のための空間、つまり余地をつくる」。その空間をもってセラピーの場に臨み、何よりもその維持に努める必要がある。と言うのは、クライエントの問題や解決法について既成の理論や治し方をひっさげて入室しないことで、セラピストは相手が参加できる余地を作る。

2　「セラピストは言葉で語りかけ、対話を持続させる」。対話の領域を広げることで、その進展を促す。

3　「クライエントは自分の中での対話を試みる」。外側での対話の発展は、クライエント自身が、独白ではなく、内側で対話できる能力を高める。たとえば、ある話の断片を聞いて、セラピストが思わぬ質問をしたり変ったコメントをしたとすると、それがクライエントの側に内的思考やあれこれ考える機会を与える。声に出して互いが進める探究は、個人の内側でも同じようなプロセスを生み出す。

4　「クライエント同士で対話が始まる」。人はセラピストまたは自分に対し異なった話し方を始めると、他者に対しても異なった話し方を始める。その場にいる人全員が自然に話に参加し、他の人の言うことを訂正するよりむしろ付け足し広げようとする。

5　「クライエントはセラピーの場以外で、自分にそして他者に対して対話を試みる」。ひとつの会話は次の会話につながる。セラピーの場での対話は、クライエントが他で異なった話し方をすることを可能にするが、これは対話と語りがもつある種の変換能力だろう。それらの過程は、場所と時間によって区切られる静的なものではなく、一つ一つの会話が連続的に影響しあう動的なプロセスだ。

6　「セラピストも外で、自分とそして他者との対話を試みる」。クライエントと同様、セラピストも面接での話とその時考えたことを忘れずにいて、それらが他での会話の中で影響を及ぼす。また、その外での会話が今度はクライエントとのやりとりに影響する。

セラピーの実際的問題

臨床に関わる仕事の場合、対話をしやすくしたり、しにくくしたりする実際的問題がいくつかある。それらの問題は最重要ではないものの、私たちの臨床家としての姿勢、考え方、職務に対する態度を反映する道具立てとなる。部屋の間取り、記録取り、予約取り、その他組織上の問題などがそれにあたる。

面接室の間取り

部屋のアレンジという単純なことが、やりようによってセラピー、授業、相談などの相互対話を後押ししたり、邪魔したりする。皆がソファーに並んで座ったり、教室で椅子の列に座る学生を前に教師が立ったり、セラピストだけが他の人たちとは違う椅子にひとりで座ったり、あるいはコンサルタントが演壇の後ろに立つような時、対話はしにくくなる。部屋の前方にいる人あるいは最も良い椅子に座る人が、階層的に上とみなされるし、またそう振る舞うことが多い。お互いを見渡すことができ、水平な関係を示す椅子の配置がなされた時、会話と共同作業の機運が強まる。それがセラピー、授業、コンサルテーションなどであった場合、私は同じような椅子が円形に配置されているのが好きだ。授業やコンサルテーションでは、私はよく部屋の配置替えをお願いしたり、部屋を話しながら歩き、聞いている人たちに近づくようにしている。

記録をとること

私は会話に集中したいと考えているので、セッション中に記録はとらない。セラピストとしての私の経験では、セッション中に記録を取ることに夢中になると、こちらの思いを伝えることが難しくなったり、言われたポイントを聞き逃したり、自意識過剰になったりしやすい。自分が聞きたいことのみを聞こうとせず、クライエントが話したいことに注意をむけて聴くことで、私の話し手やそのストーリーについての記憶力は伸ばされてきたと思う。

予約をとる

私は自分で予約をとる。それはなぜかというと、セラピーも相談も、最初の接触からすでに始まっていると考えられるからだ。こうすることで、たとえばインテークの人、受付、ビジネス・マネージャーなど、仲介者との接触によってクライエントが私に会う前から印象を形成してしまうことを避けることができる。

心地よさ

セラピーであれ授業やコンサルテーションであれ、場を取り囲む環境が大きく影響することを私たちは見落としがちだ。私はクライエント・フレンドリーな雰囲気、つまり改まった感じとか距離をおいて座る設定よりも、くだけた感じの設定の方が好きだ。また、やさしく丁寧な態度でクライエントや学生からの電話を受け、来所の折に応対するスタッフがいてほしいと望んでいる。

これら実際的な問題への対処の仕方は、周りに自分らをどう示すかという私たちの態度の表れだ。それらの対処方法が、クライエント、同僚、または友人との関係の橋渡し役を務め、コラボレイティヴな関係や可能性を拓く会話につながっていく。ポストモダンのセラピーの精神からすれば、私たちセラピストがそれらの橋渡しを通して他者の人生の中でゲストとして歓迎されうる事実を意味している。

なお残る問題点

では、私が述べる対話的なセラピーが、様々な問題を抱えて来るクライエントにどのような効果をもたらすと言えるのだろう。たとえば次のような場合、何ができるだろう。息子が学校で他の生徒に銃を突きつけたため、少年審判所からセラピーに通うのを言い渡され、怒りと苛立ちの中にいる黒人のシングル・マザー。彼女には、息子のために法廷や学校と交渉するだけの専門知識もセラピストのような地位もない、またセラピストなら住めるであろう安全でいい地域に住むこともできない。彼女の以下の言葉には心を動かすものがある。それは彼女が予約したセラピーに行くべきかどうか悩み、セラピストが聞きたいことは何で、そこで言うべきことは何なのかと考えあぐねた時のことを私に語ってくれたものだ。

ここに今日来るように言われて、私は母親としてちゃんとしたことが言えるか心配だった。あなたが耳にしたいことを言うべきではないかと心配した。もし私がそう言えなかったら、あなたから審判所の方に、私から息子を引き離すよう連絡が行くでしょうから。だから私は息子のためにちゃんとしたことを言いたかった……私は安心できる家庭を息子に与えたかったし、正しいことを教えようとしてきた。でも周りは、ドラッグや売春仲介人や銃撃やギャングたち、私に何ができます？　お金がある白人の子は病院へ行ける、で黒人の私の息子が行けるのは刑務所だなんて！　あなたにはわからないでしょ。どうにもならないでしょ。

この他にも例えば、たとえばクロアチアの難民キャンプで台所のない小さい部屋に、逃れてきた親子五人のボスニア人家族がいる。家と財産を失い、故郷を失ったうえ、夫が移民として認められるのに充分な学歴や職業技術を持っていない。生活の基盤を失い、妻は言う。「来る日も来る日も、いつまで経っても自分らの食事を作れないことが、どんな気持ちか。夫は働けず、お金もない。生きている意味がないんです」。こういう人々にコラボレイティヴで対話的なセラピーが、何をしてあげられるだろうか。

これらの訴えに共通することは、理解されない思い、疎外感、絶望感、そしてそれらを覆す希望を失った感覚だ。私たちは対話を通してこれらの人々とその状態を理解できるだろうか。対話がなんらかの助けとなり得るのか。希望と生活の実際が対話から始まることは可能だろうか。これらの問題意識を持って次の章では、各自の人生のエキスパートとしてのクライエントに焦点を合せてみよう。

第7章

クライエントたちの声

コラボレイティヴな関係構築にむけて

未知の地にたどり着くには、途中不案内な道を行かなければならない。

T・S・エリオット T.S. Eliot

誰も花を見ていない、本当には——とても小さいし——時間がない、見るには時間がいる、友だちを作るのに時間がいるように。

ジョージア・オキーフ Georgia O'Keeffe

私のコラボレイティヴなセラピーの発展過程においては、「クライエントたちの声」が大変重要な位置を占めてきた（Anderson, 1991b, 1995, 1996a, 1996b; Anderson & Goolishian, 1988b, 1992; Anderson, Goolishian & Winderman, 1986b; Goolishian & Anderson, 1990）。それらを重要とみる理由は二つある。まずクライエントがセラピーについて語る内容に私が長年興味と好奇心をもってきたこと。そしてもう一つは、セラピーという「商品」の開発にはクライエントという消費者からのインプットとそれに伴ってさらなる再開発が不可欠だ、というのが私の信念であること。しかし、これはクライエント主導でセラピーを設計する方向性を示唆しているのではない。私はこれまでの経験から、どれほど多くをクライエントから教わり、それが私のセラピーにどれほど大きい影響を及ぼしてきたか、計り知れないと思う。私が日頃の臨床とともに研究にも携わってきたのはそのためだ。だから機会あるごとに私は、自分のあるいは他から紹介されたクライエントたちに、治療の成功や失敗について、彼らをみた専門家たちのことも含め、体系的にインタビューするようにしてきた。

クライエントの言うことを注意して聞けば聞くほど、彼らの方が彼らの人生について私が知るよりずっと多くを知っていることを、理解できるようになった。同時にまた、セラピストとしての自分がもつ知識が、どれほどクライエントの話を妨げ、彼らから可能性を奪うかに気づかされた。そういうわけで、私はクライエントたちの声を舞台の中心に据えたが、それは一般に言うセラピスト（つまり知者）とクライエント（つまり無知の者）という役割の逆転であって、そこではクライエントが教え、セラピストが学ぶことになる。

この章では、クライエントたち自身の言葉、いわば「一人称の声」を紹介し、彼らが思い出すセラピーの体験とセラピストたちとの関係について私が教えられたこと、を中心に考察してみようと思う。ここに出てくるのは、私のクライエントたち、他のセラピストの紹介で私が一度だけの設定で話した人たち、それとセラピーでの経験を聞こうと思って私があえてインタビューした人たちである。これらそれぞれの人生の「専門家」からのアドバイスをもとに、私は、「対話と物語にむけたコラボレイティヴな関係」の構築にむけて、その枠組みを提示しようと思う。そこには、「通じ合うこと（connecting）」、「協力すること（collaborating）」、「作成すること（constructing）」という三つの言葉で特徴づけられるプロセスと人間関係があるということになる。

ここで言う会話と人間関係を築く土台として、「無知の姿勢」がある（Anderson, 1990; Anderson & Goolishian, 1988b, 1992; Goolishian & Anderson, 1987a, 1990）。「無知の姿勢」は私のコラボレイティヴなやり方と他のセラピストのやり方とを区別する際だった特徴であり、セラピストの意図、方向性、スタイルという点で、大変異なる所にその主軸をおく。では「無知の姿勢」とはどういうことを意味し、そしてセラピストは自分の知っていることをどう使ったらいいのか。

無知の姿勢（Not-knowing）

「彼らは敬意をもって相手に接しない。教科書どおりのことを言うだけだ。私の問題も彼らの言葉で説明されてしまう」

知るということ――それは理解という幻想であったり方法論がくれる保証だったりするものだが――それは見える可能性の範囲を狭め、予期せぬこと、言葉にされなかったこと、これから言葉にされることには、耳を貸さないという傾向を強める（Anderson & Goolishian, 1988b）。われわれがもし馴染みのあることだけを見たり聞いたりするなら、普段と違うことやユニークなことを見過ごしてしまうし、それらに接することはできない。無知の姿勢は、主体‐客体、つまり知る側‐知られる側というこれまでの二項対立に対する挑戦を意味し、それは最近の解釈学や社会構成主義によってうちだされたポストモダンの試みを反映している（Gergen, 1982; Shapiro & Sica, 1984; Shotter & Gergen, 1989; Wachterhauser, 1986a）。対話における意味の創造とは常に相互主観的（間主観的）プロセスだ、とするポストモダンの前提にとって、無知の姿勢は最重要だ。それは、知っているとする立場をもってしては見えてこないものを可能にする。その可能性を拓くものの一つが対話である。

無知の姿勢とは、セラピストの取るひとつの構えであり、態度であり、信念である。つまり、セラピストはひとり特権的な知識を享受できないし、また他者を完全に理解することはできない。他者から常に「教えてもらう状態」を必要とし、言葉にされたことされないことも含めもっとよく知りたいと思う。このような態度であり、信念である。無知の姿勢においては、セラピストは経験を解釈し直していく解釈学的なスタンスを採用するが、その再解釈は出来事の背景やそれをクライエントがどう説明しどう語ったかをその都度考慮することで可能になる。解釈は常にセラピスト‐クライエント間の対話から構成されるのであって、既成理論の結果から生じるのではない。セラピストの意味する世界、専門性、経験、あるいは治療モデルの形成に既成理論は不可欠ではあるが、ここで言う解釈はそうではない。では無知の姿勢に関するいくつかの見地から、どのようにセラピストがクライエントから絶えず学び、理解を進めていくか見ていくことにしよう。

確信をもたない

「自分の知識を疑う用意」。確信をもたないためには、私たちは自分にとって支配的となった専門的言説や個人的考え――知っていること、知っていると思っていること――から離れ、それらを棚上げし、留保しておくことを求められる。そして、自分や他者からの指摘に対してオープンであると同時にそれを自覚し再考することも求められる。それには、あまり早く理解してしまわないことが大切だ。第一印象やステレオタイプな考えを捨てる必要があり、早とちりの理解に陥らないよう、自分の知っていると思うことを当然視せず、自分の知識をクライエントのそれより価値あるものとして見ないことが要求されてくる。私たちはオープンな気持ちで、批判と変化を受け止め、予想外のことを受け入れることができなければならない。そうできれば、これが一助となって、他の人のことを考える余地が自分の頭の中にできる。それは可能性を生じさせる間隙のことだが、この間隙こそ対話のもつ重要な局面だ。

「リスクを冒す用意」。私の所では、セラピストは「安全」ではいられない。知識に安住しているわけにはいかない。無知の姿勢でいることで、セラピストは批判の対象になりやすくなるし、また変化を余儀なくされる。そのリスクとは、クライエントが舞台の主役になり、彼らが気の向くように話し先導していくことで、セラピストが重要と考えたり前もって決めた事項をもとに進んではいかなくなることだ。この姿勢は、普遍的な前提、類型化、一般化に挑戦するものだと言える。ここでの一般化とは、ある一つのテクスト（原文、経験）を新しいコンテクスト（文脈、状況）に見合うように造り直すことを指す（Becker, 1984, p.435）。その意味で、最初に確立された診断的解釈、治療法、治療ゴールなどに、われわれが引きずられ、それに高い評価を与えるということは、実に不幸なことだ（Gergen, Hoffman & Anderson, 1995）。この早まった考え方をもとにすると、セラピストはクライエントの現実を学ぶよりも、自分たちの現実を証明するための質問を発してしまうことになる。そして、ＤＳＭ‐Ⅳに沿って診断するにせよ、あるいは臨床理論、研究から来る仮説に拠るにせよ、知識をもつことは、自分の知識の正しさを立証する行動へと潜在的にセラピストや研究者を誘導する（Jones, 1986; Scarr, 1985）。知者としての姿勢でクライエントのストーリーに選択的に耳を傾け反応したとすると、意識するかしないかは別として、われわれは自分たちの信奉する理論、バイアス、期待、そして自分が言う真実の正しさを確認するだけにおわる。

セラピストが相手の言うことを選んで聞き選んで反応したとしたら、それはまたコミュニケーションの内容や範囲をいいかげんに固定化し狭めることになり、対話としてのやりとりを妨げることになるだろう。そしてクライエントのストーリーを早めに切り上げてしまうこともその妨げとなり、結果的にセラピストとクライエント双方の選択の幅を乏しいものにする。セラピストに思い込みや方針があるかないか以上に、重要なのはその知識でもってなされる行動の内容だ。そして同じぐらい重大なのは、自分の知っていることを追及することで、私たちがひとり一人のクライエントの独自性とその状況のユニークさに眼を開けずそれを失ってしまうことだと思う。「人はいったんある解釈に落ち着くと、増えていくのはその解釈に何の付加的な強さも与えないような出来事ばかりだ。そこで証明されるのは、観察する人の頭の回転の速さであるが、それは単に解釈における一貫性という虚飾の創造にすぎない」というのがガーゲンの指摘だ（Gergen, 1988b, p.36）。

無知の姿勢は、従来のセラピーとそれについての考え方に方向転換を迫り、診断上の追求とは異なるものをもたらす。われわれは、本当に知らないとすれば、学ぶ以外にない。学ぼうと踏み出した時が、クライエントの言っていることを理解しようとする時だ。こういう姿勢では、知的活動も理解も、常にその途上に（進行形で）ある。セラピストはひとり一人のクライエントに対して、その都度一学習者になるというリスクを背負い込まなくてはならないが、これは謙虚な気持ちを起こさせ、同時に自分を自由にしてくれる体験でもある。

謙虚さ

無知の姿勢は、自分が知っていることについて謙虚になることを意味する。セラピストは、自分の探すものを追求したり、知識を伝えたり、あるいは持論を宣伝したり正当化するというよりも、クライエントが言おうとすることを実際に学ぶ方により関心を持つことになる。たとえば、十一歳になる息子を持つ母親が、息子が学校にひとりで歩いて行くのが心配になったり、その子がお友だちの家に一晩泊ることが心配だと言っても、私はこの母親を過保護だとは考えない。私が考える子育ての方法や考え方へと彼女を導こうとはしないだろう。むしろこの母親にとって感情や思考や行為の選択の幅が広がるように、一緒になって考えていくだろう。つまりそこでは、私のではなく、彼女の心配事、彼女の考え方、生活状況に則した選択の幅を話し合っていく。そのためには、彼女の不安、中でも最も恐れていることや、彼女の子育てに影響を与えているものについて、もっと詳しく知りたくなるかもしれない。他の人がなにか彼女にアドバイスをしたのか、もししたなら、どんなアドバイスなのか。彼女が小さかった時、このようなことは家庭で問題になったのか、もしなったなら、どう対処していたのか。質問の意図は、もっと知るためであり、彼女がいま語るとおり、またはこれから語っていくままにその物語を共有するところにある。私が気をつけたいのは、質問が何か特別な答えを探していたり、正しい答えがありそうだという印象を与えてしまうことだ。また、私自身の経験した親子関係とそこからの理論、見解が、彼女にも当てはまると思い込まないよう気をつけたい。もしそれらを述べるにしても、控えめに言うだろう。控えめとは、人の言いなりとか、あやふやとか、弱気という意味ではない。ただ、偉そうにしないという意味だ。

無知の立場に立つことで、結果を前もって想定することから生ずる不自然かつ時期尚早な終結を防ぐことができる。知っている立場で作業をすれば、可能性の範囲をあらかじめ一方的に限定することになり、セラピーで語られるストーリーや物語から新たな意味を形成していく共同開発のチャンスを潰してしまう。これはたとえば、既成の知識、理論、臨床経験を基にした「セラピストが目標を設定するセラピー」においては、すでに知られたことのみ強調し、追求するため、セラピーというディスコース（やりとり）の選択の自由を奪うことになる——セラピストの目標が、病理的なパターンへの割り込みであろうと、解決に向けての強い志向であろうと、例外探しであろうと、代わりの物語の創作であろうと、何であろうと。

無知の姿勢が要請すること

ここでセラピストはある種の専門性を求められることになるが、それはこれまでの経験、事実、知識をベースにして理解、説明、解釈を作り上げないという専門性である。これを道しるべに、セラピストはクライエントが自然なかたちで打ち明けるストーリーを聴き、話の相手をし、その人の心配事、見解、期待するところを一緒になって理解しようとする。セラピストはクライエントがどのようにものごとに答えを見つけるのか純粋に知ろうとする、つまり原因を見つけるのではなく、今のままのストーリーを把握すること、そしてそのストーリーをまとめているものは何だとクライエントが考えているかを知ろうとする。セラピストはクライエントの発話や行為の意図を前もって知ることはできないので、相手の説明に頼らなければならない、そのストーリーの意義を相手の位置から知らなければならない。セラピストにとってばかげたと思えることが、どうしてクライエントの世界では意味をなしていくのか、学ばなければならない。

無知の姿勢が意味しないこと――既習の専門知識を棄てるの？

無知とは、ジャック・デリダ（Derrida, 1978）によれば、「何も知らないという意味ではない。それは、われわれが絶対的知識を超えているという意味であって、その超えている所から物事に輪郭と仕切りが与えられる」ということになる。無知の姿勢は、言いたいことを言わなかったり、知らないふりをしたり、偽ったり、あるいは中立を保ったりすることではない。

私は、セラピストのもつ既習の知識、つまり、理論的、経験的、職業的、あるいは個人的知識に反対するつもりはない。多くの時間、資金、エネルギーが費やされて、診断、予測、治療等の方法が進歩してきたわけで、これらの知識をなくすべきだとか、なくすことが可能だと言うつもりはない。セラピストは全くの白紙状態というわけにはいかず、考え、意見、偏見なしで臨むことは不可能だ。中立でいることもできない。これらは無理な話だが、一方で私たちは、個人的職業的経験、自分の価値観、傾向、信念なども含め、ありのままの自分を面接室にもって入る。そこでは自分の意見、アイデア、感情などが、述べられ分かち合えることが必要だ。

自分というものを考える上で私にとって重要なのは、私が何を取り入れ吸収するかということだ。私たちは、周りからチャレンジを受けると同時に、また自分に対してもチャレンジする必要がある。そして、理解に向けて水平（会話において対等）で相互的な対話のやりとりに専心できなければならない。このようにコラボレイティヴな過程を通ることで、自分の知識基盤を守ろうとして、または拠って立つ社会的文化的規範を擁護しようとして、クライエントに対して私たちがもつ社会的権力を自らに有利になるよう使うことは、意識的にせよそうでないにせよ、少なくなるだろう。

次の例が、無知の姿勢を具体的に示している。

「彼はぼくを信じてくれた」

ある時、ハリー・グーリシャンの同僚だった有能な精神科医が、彼のめんどうなクライエントのことでコンサルテーションを依頼してきた。精神科医は苛立っていた。クライエントの問題は手に負えないばかりか、関係も行き詰まっていた。ノルウェー出身で商船の乗組員であるラースというこのクライエントは、自分は慢性の病気があり、これが他人に感染し（テレビを見たりラジオを聞いたりという間接的方法でもうつり）相手を死に至らしめると信じていた。ラースは自分の結婚生活の問題や現在仕事が手につかない状況なども訴えたが、彼の主な注意はやはりこの病気に注がれていた。彼は取り乱していたし、恐怖にとりつかれていた。

そのラースとの面接で、ハリー・グーリシャンは、「この病気にかかってどのくらいですか」と彼に尋ねた。ラースは驚いた表情を見せ、そして長い間をおいてから、事の始まりから語りだした。病院も精神科の医者も彼の伝染病に対する恐怖と執念を取り除こうといろいろやったが、だめだったそうだ。それは、彼がまだ若い頃だが、商船の仕事でアジアに行き売春婦とセックスした。その後になって、船上で受けた性感染についての講義のことを思い出した。そして彼は恐ろしい性感染症にかかったのではないかと不安にかられた。パニックになりすぐさまその近くの病院に行ったが、看護婦は信じてくれず無愛想にも彼にこう言った。「ここは性的異常は治していないんです。あなたに必要なのは、医療じゃなくて、神様に告白することのほうね」。彼は待合室から追い出された。帰国してからも他人に感染するという恐怖から、何人もの医者を訪ねた。が、「誰もぼくを信じてくれなかった」ばかりか、何度も精神科に行くようにと勧められた。結局誰もこの伝染病の恐怖と執念を彼から取り除くことはできなかった。徐々にラースは自分の伝染病の重大さを誰もわかっていないと頑固なまでに信じるようになった。

ハリーがラースの苦悩に関心を示し、そしてラースは自分が語りたいように語れたことで、ラースは見る見るうちにリラックスし、生き生きとし始め、ハリーの関心に応えていった。ハリーの意図は、ラースの現実感覚やストーリーに挑戦したり、彼を妄想から目覚めさせようと操作したり説得したりすることではなかった。ハリーは、ラースが置かれた現実について、知りたかったし、配慮したかったし、それと結束を保っていたかった。

ワンウェイミラーの向こうにいたハリーの同僚たちは、ハリーのした質問「この病気にかかってどのくらいですか」に対して批判的だった。同僚たちが恐れたのは、この質問がクライエントの「心気妄想」を強化してしまうことだった。つまりもっと安全で中立的な質問として、「この病気にかかったと思ってどのくらいですか」という尋ね方ができたというのだ。しかし無知の姿勢からすれば、ラースの話が妄想だという見方は排除される。ラースが自分は病気だと言った。だからハリーはその病気のことを知りたいと思った。そのために、知らないという立場からの質問が必要だった。

ラースをわかろうとすること、そして一見「ナンセンス」とか「精神病」と見えるものを理解しようという試みこそ、対話をつづけそれを成立させていく過程には、不可欠のステップだ。それは、ラースによって語られる経験という物語的真実に付き添っていくことを意味するのであって、相手の言うことに挑戦したり、「妄想的だ」と片付けることではない。彼の物語に付き添っていくのは、相互的なプロセスであって、したがってそれは妄想を具体化するのとは違っている。ハリーはその無知の姿勢を通して、新たな意味、新たな物語が出現できるよう、これまでのストーリーを語り直す余地を作ったといえる。これが対話と開かれた会話への起点となった。

「この病気にかかったと思ってどのくらいですか」というような「安全な質問」をしたとしたら、病気は想像上の虚構であって矯正が必要だ、とする事前に決められている知者としての見解を押し付けることになってしまう。そのような質問をされたら、クライエントはセラピストに対して懐疑的になり、自分がせっかく話したストーリーもそこに置き去りにされるわけで、今まで会った多くのセラピストをもとに作り上げた負のイメージに従って反応することしかできなくなる。そうなったら、ラースを信じず知者として専門的な質問をする人々の列に、ハリーも新たに加わることになってしまっただろう。そしてまたもやラースはわかってもらえず疎外感を味わうことだったろう。面接が終わって、精神科医は話し合いがどうだったか彼に廊下で尋ねた。その時のラースのセリフは、「野郎はおれを信じたぜ」。

私は、無知の姿勢から発するひとつの質問が、奇跡的な治療をもたらすとか、知の姿勢からの一質問が反対にセラピーを袋小路に追いやるというように信じていないし、そう言いたいわけでもない。どのような質問であっても、それがそのまま対話的あるいは非対話的な場の構築につながることにはならないし、質問自体が相手のもつ意味を変更させたり、考えを諦めさせたり、新しいアイデアを吹き込んだりはしない。というよりも、会話的質問は——一つの意見、一つの発話、一つの身振りがそうであるように——全過程の中の一要素としてあるし、またその質問は、あまり速く理解してしまわず、話し合いに枠をはめず、無知の姿勢をもとにして、正直に通していくセラピストのスタンスを示している。したがって一つの質問は、会話全体の中の一構成要素であり、またセラピストの基本的スタンスの表れである。

六カ月後その精神科医は、ハリーの面接が彼とラースにいまだに与えつづけている影響について熱っぽく語った。「ラースの恐怖はばかげた妄想なのだ、と私は証明しなくてもいい自由をあれから得ることができた」と述べ、今ではセラピーは前ほど困難でなくなったと言った。ラースの生活状況も改善に向かい、伝染病にかかっているかどうかは、すでに問題ではなくなった。彼はきちんと仕事をし、結婚生活もつづけ、女の子も生まれたということだった。

それから二年後、私のもとに精神科医から手紙が届いた。

今日ラースに会いました。それでどうしても一言お伝えしたくなり筆をとりました。ハリーが昨年の秋、亡くなったことをラースに告げると、彼は大いに驚き「すばらしい人だった」と言いました。私はラースに、ハリーのどこがもっとも印象に残っているのかと尋ねました。するとラースは、こう答えました。「彼はぼくを信じてくれたんだよ。でもね、彼のある言葉がとても大きかったんだ。あの時のぼくは悪戦苦闘してたことを話したさ、そのあとでハリーはぼくにこう言ったんだ、『男としてすべきことを君はしたんだよ』。この一言がぼくには響いた。でね、今でもそう言ってる時のハリーの顔がよく思い浮かぶんだ」

ハリーの無知の姿勢が対話を始める出発点となった。その中には、ラースの自分自身への語りかけ、精神科医の同様な語りかけ、このふたりの間に交わされる会話、そして広く外部との会話などが含まれる。ラースにとってハリーとの会話は、彼が自分自身と新しい会話を始めるきっかけを作り、新たな自己物語の創作を促した。それを通して彼は、慢性病に自由を奪われた者ではなくなり、人生のヒーローになった。

ハリーがラースとした会話のように、私もクライエントと会話する際、いわゆるその「変な見方」を根元から崩そうとしたり、自分の世界やこうあるべき方向へと、相手を教育することはしない。それよりも、その見方に幅、空間を設けたいと思うし、それについて学びたいと思う。そのために私も没頭して相手の世界に入り込んで行きたいと思うが、それには相手に関心と敬意を表すとともに、クライエントが自分の気持ちを聞いてもらえ、認めてもらえたという感覚が持てるようもっていきたい。相手のための空間や幅をつくることが、対話と変化に向けて、共に話すということを実現する最初のステップだと思う。

以下の項で、無知の姿勢に関する六つの特徴を、それらはお互いに重なりあったものだが、クライエントの言葉や経験をもとに紹介してみたい。これらは対話とコラボレイティヴな関係を築いていくセラピストの特徴でもあり、それを築くためのガイドラインでもある。そのガイドラインとは、(1)信じる、信頼する、(2)会話的質問をする、(3)聴く、応える、(4)結束を保つ、(5)歩調を合わす、そして、(6)クライエントのストーリーを尊重する、である。

(1)信じる、信頼する

「彼はぼくを信じてくれた」
「この人たちはぼくを信じてくれた」

「不信感を抱いてきた」

「信じてもらいたいし、信頼されたい」とクライエントは言う。ストーリーは、過去を正確に表すとはいえない。一人の人の説明、語り、そして語り直しはその人独特なものであるし、聞き手もそれぞれに聞き方、応え方をもっている。ひとつの話も、時間、場所、状況が変われば、その内容も変わる。セラピストは、普通クライエントの話の非一貫性や普通考えることと合致しない部分を、電波探知機のように見つけ言い当てる訓練を受ける。われわれセラピストによくあることは、話が矛盾するクライエントにフラストレーションを感じ、こちらのニーズとして正確さを求めようとして、相手に矛盾を突きつけたり、正確な事実を探そうとしたり、照合しようとしたり、そして時には単に信用しなかったりすることだ。

一方、無知の姿勢は、ブルーナー（Bruner, 1990）の言う「物語的態度（narrative posture）」という考え方に近く、上で述べたのとは異なる態度と専門性が想定される。つまり、病理構造とされる現象（診断）やその変化（治療方法）に関して専門性を発揮するのではなく、個々のセラピーのプロセスに限られた専門性を発揮する、ということになる。したがって、セラピストは真実への探究心で駆り立てられることはないが、人を理解したい気持ちに動かされる。次のいくつかの例で、クライエントたちが、信じること、信用することについて述べている。

「私の話を聴いて、信用してほしい」

スウェーデンで会ったある家族（前掲、二七頁）は一様に、発言を許されなかったこと、自分たちが聴いてもらえなかったこと、信じてもらえなかったことについて、それぞれが語ってくれた。以下の二つの短い会話のうち、最初は私がふたり姉妹の妹の方と話し、この家族を面接したセラピストや医師がいかに彼女と話そうとしなかったかを話題にした。私はその妹に、「じゃあ、ちょっと教えて。医師たちはあなたとも直接話すべきだ、とあなたのお母さんが言うのにあなたは賛成なのね。それって、医師たちは、あなたがそこにいてもあたかもいないかのように話すからだ、って意味なの？」と訊いた。

「そういうことなの。でも彼らはそんなふうに私が感じてるとは思っていないみたいだけど」と妹。

一方、姉の方は、病棟の看護婦が医師との間に入りその仲介役になってくれたことを語った。その看護婦との会話。

「私はあなたが話したがっていることがとても気になるのだけど、もし話すチャンスがあったとしたら、どんなことを本当は言いたいの？　医師たちに聞いてもらいたいことはなに？」と看護婦。

「私の話を聴いて、信用してほしい。いつもいつも相手を操作しようと思ってはいないってこと。なんていうか、自分がふたりいる感じがしていて、そのひとりはよくなろうって、頑張ってるの。医者たちはそこの部分を見るべきだし、それを応援すべきだと思うの。私のことは私一番よくわかるし、なにがベストか自分でわかるよ」と姉。

セラピストや医師たちにも、やはり自分たちから見た同じくらい「正しい」主張があることだろう。

「見るまでは、信じてもらえなかった」

私はこのようなコンサルテーションを頼まれた。それは、ある夫婦と病院のセラピー・チームの間で、その妻の退院をめぐって衝突したケースで、妻を入院から外来に切り替えるべきかもめていた。妻はひどいうつ病で、三週間入院していたが、夫は、妻が再び抑うつ状態になった時再度入院できる保証がもらえない限り、妻の退院に賛成しようとしなかった。私はこの夫の態度を不思議に思い彼に尋ねてみると、感情がこみ上げるのを押さえながら、彼は妻を入院させてくれる病院を探す困難とそれに伴う不安を語った。妻が幾日もベッドから出るのを拒み、食事も拒否し、自殺すると脅すので、心配で仕事に行けずに家にいたと言う。外の助けを求めようとして何カ所か電話したが、ことの深刻さを説明してもわかってもらえなかった。そこで思い切って、ぐったりした妻の身体をベッドから抱え上げ、車に乗せて病院の救急処置室に彼女を抱え運んだ時のことを、真に迫る言葉で語った。そして「彼女を見るまでは、信じてもらえなかった」と彼は言った。

「この人たち、ぼくを本当に信用してくれている」

ある時私は、トーマスというクライエントと彼のセラピストのヒューゴのふたりと話す機会を得た。トーマスの試練は、五年もの間、医者から医者へセラピストからセラピストへと、助けを求めて転々としたというものだった。彼は「妄想型分裂病」と診断され、同僚や上司とのトラブルがあったために、仕事を病欠という形で休まざるをえなくなった。状況をややこしくするいくつかの理由があった。トーマスの仕事でのトラブルは、やや慎重さを要する政治的な問題と絡んでいて、そのためもあってか傷害保険会社は、彼に退職を強く勧めた。トーマスはどうしても仕事をつづけたいと希望し、この申し出を拒否した。ここ十年の間に、他にもいくつか悲しい出来事が彼の身の上に起こった。彼は負けん気になって自分の言い分を申し立てたので、その激しさから関係当局は、彼と話すのを何度か拒んだし、仕事の上司は脅威を感じて彼を恐れた。助けを求めている間、トーマスが感じたのは、誰一人自分のことを理解し助けになってくれない、そればかりか、誰一人自分を信じてくれない、ということだった。その結果として、医師たちに対して不信感を抱いてきた、と彼は言い、そしてセラピストたちも態度から察して「あなたのことを信用していません」と暗に言っているかのようだった、と語った。私は、トーマスから今のセラピー・チームには助けられていると聞いていたので、「ここのセラピストたちにはとても信頼を置いていると、あなたは言ってたけど」と私が言うと、トーマスは次のように応えた。

ぼくは自分に言ったんだ。この人たちは、ぼくを本当に信用してくれている、大いにぼくに信頼を置いてくれている。……個人的な友だちは別として、おそらく初めてぼくを信じてくれる人がいた、という感じです。悪い感じが伝わって来ないというか、セラピストたちの態度からも顔の表情からも「信用できないね」という雰囲気は伝わってこなかった。

「その方がかえってよかった！」

スーザン・レヴィン（Levin, S., 1992）は、ナンという虐待を受けてきた女性のセラピーを行い、それに考察を加えた。そこではクライエントを信じないことからくる危険性が指摘されている。ナンはセラピストを七回代わったが、皆夫からの暴力をナンのせいにしたり、夫の肩をもったり、あるいは夫と別れるように言うぐらいだった。六年目にしてようやく彼女は、耳を傾けてくれ、自分の声を聴いてくれるセラピストに出会った。レヴィンは言う。

もし私が、防衛的になって聴いたり、分析しようとしたり、または彼女の言う現実に不信感をもったとしたら、ナンがこれまでセラピストたちに対しずっと感じてきた不満を、私は何らかの彼女の問題（もしくは病理）と関連づけて捉えていたかもしれない。（p.72）

レヴィンの言うとおり、不信感やフラストレーションをセラピストが見せない用心が必要なのを、次のナンの言葉がそのまま語っている。

夫と別れる約九カ月前、それと別れて三カ月の頃、その頃私は、セラピストの誰かに非難されたとか、あるいは自分のような頭と経歴がある者なら別れられるはずだと思われただけで、もうそこ（セラピスト）から逃げ出したくなったものです。（p.73）

レヴィンは、その考察の中で、セラピストが事実を聞き出そうとしたり、クライエントの訴えを精神疾患のせいにしがちなことに言及して、もし、レヴィン自身がナンとのセラピーでそれらを追求していたら、何が起こっていたかという問題提起をしている。

もしそうだったら、私はナンに、これらのセラピストをどういう手段で見つけたか、彼らが実際どんな言葉を使ったか、また最初にそこで何が起こったのか、ということを彼女が明確に答えられるような質問をしただろう。そうすることは、彼女に返答を強要しプレッシャーをかけることとなるが、そういう質問は彼女が現実を歪めていることをわからせる「事実」探しであったり、あるいは少なくとも私自身がその事実で納得したいがためのものだ。恐らくこれに近いことが、セラピーの場で繰り返しナンには起こったのだろうと想像している……もしも私がナンの話からフラストレーションを感じたり不信感をあらわにしていたら、ふたりのやりとりは——その様式においても雰囲気においても——大変違ったものになっていただろう。私は取調べ人や専門家になり、彼女が話すべき重要なことは何かをこちらから定義することになる。また、彼女がこれまでのセラピーで経験してきたのは実はこういうことだったんだと、私は彼女よりもよくものが見える人間だとする立場をとってしまったことだろう。そうなったら、彼女はここからも逃げ出していただろう。（彼女にとって）その方がかえってよかった！（p.73）

レヴィンはまた、夫との関係や結婚生活に関する説明が、最初やフォローアップの面接で一定していないジーンという女性を取り上げ、そこでの会話のセラピストの混乱を詳しく述べている。ジーンのする説明は、紹介してきたセラピストによる報告とも食い違っていた。ナンのストーリーの場合と同様、レヴィンはいくつかの矛盾から結論を導き出すことができたかもしれないし、本当のところを探そうと、終りなき質問を浴びせることもできたかもしれない。しかしレヴィンはそうはせず、すべてのヴァージョンを受け入れた。頭が混乱した時のことを振り返って、「人の生活の仕方や気持ちは変化していき、その変化は関係ないところで起こりうる。人は定まった情報を入れた器ではないので、事実を『寄せ集める』ことで理解するわけにはいかない」(p.84) とレヴィンは述べて、われわれはこのことを忘れがちだと指摘する。またオランダの心理学者のシーベ・テルヴェー (Terwee, 1988) を引き合いに出して、「われわれがあくまで『本当に起こったこと』を見つけようとするなら、おなじ出来事には多様な記述があるので、それはわれわれを延々とつづく解釈へと誘い込んでしまう」(p.84) と、彼女は言う。

多々の条件や要因によって、ストーリーの語り方 (説明方法) あるいは聞き手の受け取り方 (解釈の仕方) などは左右される。どのような文脈で、どのような状況で、誰が誰に対して語るか、その他多くの要素が関わっているといえる。ノーマン・デンジン (Denzin, 1989) は、「語られたストーリーは、聞いたストーリーと同じであることはない。ストーリーの語り手は、ひとり一人がその人独自の人生から話しているので、ある意味で、それを分かち合うのは不可能だ」(p.72) と言って注意を促す。同様に、ガーゲン (Gergen, 1982) もこれについて面白い例を挙げている。「たとえば、私の仲良くしているロバートとローラのふたりがパーティの場でお互い近づき、ロバートが手を伸ばしてローラの髪をちょっと手で触れるのを見たとする。その時、自分は正確には何を見たのか」(p.60)。これについてガーゲンは彼の本の中で、この行動が何であるのか見極めるのに、いくつもの可能性があること言ってみせ、したがってひとつの行動に対しても複数ヴァージョンの解釈が創られうる点を議論している。このロバートとローラの件が後に語られるにしても、語り手やその他の要因が作用して、その都度ヴァージョンができ上がっていく。こういうことなので、どの説明も、ストーリーのどういった改訂も、他のそれらと同様正しいものといえる。

(2) 会話的質問をする

「あなたの質問はややこしいし、答えるの難しいけど、でも聞かれていやじゃないわ」
「彼女の質問の仕方がいい」

クライエントに成功したセラピーの経験を話してもらい、何が最も助けになったかと聞くと、それはセラピストが出した質問だったという答えが返ってくる。どういう質問をするかは、面接やセラピーでの会話においては、核心的な問題だ。つまり質問がクライエントの話を促進したり、阻害したりする。セラピストがする質問をクライエントに批評してもらう。驚かされるのは、セラピストがなんと頻繁にクライエントにとって「関係ないと思える」質問を出したり、クライエントに自分のことを話す余地を与えない質問をしたりするかということだった。そういう質問がクライエントに何を印象づけるかというと、セラピストは「私の言ったことは何も聞いていない」とか「私の価値を認めていない」とか「侮辱されている」、あるいは「責められている感じがする」ということである。

答えを質問に優先

ポストモダンの立場は、新しい物語に対してわれわれが開かれていること、そしてセラピーにおいて物語は決してその場の対話の外から把握できるものではない、というこれらの点を強調する。それゆえ、質問はどのような時でも無知の姿勢から発せられることになる。言い換えると、無知の姿勢によって、セラピストはクライエントの世界に興味と好奇心があることを表現できるため、この姿勢で発せられる質問は、その時その場でのローカルな会話の外側からよりも、むしろその内側から生まれてくる。無知の姿勢で質問されることで、クライエントは自分のストーリーを、もちだし、はっきりさせ、ひろげやすくなるし、これまでにわかったことについても、これからわかっていくであろうことについても、新しい話の展開と深まりを得やすくなるだろう。この姿勢で質問することが、またセラピストの学習を助け、「すでに語られたこと」あるいは「未だ語られていないこと」についての思い違いをなくす。ひとつの質問は、次の質問を誘い、記述や説明を前進させる方向に向かわせるが、こういう質問の連続が対話のプロセスのバネとなる。

このように無知の姿勢から発する質問のことを、私たちは会話的質問（conversational questions）と呼ぶことにした（Anderson & Goolishian, 1988b; Goolishian, 1989; Goolishian & Anderson, 1990）。会話的質問は、クライエントをセラピストと「共に語る」方向へと誘い、共同で道を探る方向へと案内する。私の経験から言うと、無知の姿勢を基にした質問を通して、私はクライエントの内面、つまり主観的世界に近づきやすくなったと思う。ノルウェーの精神科医、イバール・ハルトヴィクセン Ivar

Hartviksen（私信，1990）は，この点を次のような言葉で表現した。「質問が私のもつ唯一の医療器具だ。患者の生活について，不思議に思い，そこに参加するための道具はこれだけだ」

われわれの質問というのは，しかしどのような場合であれ，その場の会話状況の外部からある程度は影響を受けるものだ。しかし外部からの知識や言説が優先されると，それは視野を狭めることにつながり，関心の範囲と質問の内容を限定してしまう。クライエントのストーリーが今までの自分の臨床の経験に合致するよう，外からの知識を使って，それに沿った質問をするようになるし，その方向で話を整理してしまう。外からの知識はまたローカルな会話から生まれる意味や理解に近づくための質問をしにくくする。セラピストが，既成の知識を元に質問すればするほど，そして答えを求めようとしたり，自分の正当性を証明しようとすればするほど，セラピストはクライエントの経験的世界からも，そして自分自身の生活経験からも乖離してしまう。私は，クライエントたちが言いたかったのは，このことではないかと思っている。

会話的質問というコンセプトは，従来の動きに欠ける質問形式とはずいぶん距離がある。つまりこれまでの質問形式の多くは，なんらかの方法論に基づいていたり，技法や情報収集のため事前にセットされた質問事項だったり，それとも質問する前から答えがわかっているような仮説の検証であったりした。会話的質問はセラピーをよりダイナミックなものにさせると同時に，クライエントが展開させる物語が，セラピスト自身の知的視野の範囲に疑問を投げかける。

セラピストの仕事は常に質問を探していくことにある。この質問という道具を使って，その時語られる経験について知っていく。今語られた事柄、それはその場を共有してできた物語だが、それがセラピストが次の質問を考えるための材料になり、そこから新しい質問が現れる。したがって言えることは、質問はその場で起きた対話の結果から生じること、物語の進行が次の質問を形づくること、そして、質問の向け方によっては違った物語ができることなどだろう。このローカルな、その場に限られた質問とそれに対する答えの連続によって、また詳細にわたったり再説明したりの連続を通して、新たな意味や理解や変化をもたらすための、無限とは言わないまでも、計り知れない可能性が拓かれる。

同様にブルーナー（Bruner, 1990）は、面接において、語りの外部から持ち込んだ理論によって理解しようとして出される質問に対して、その場に限られたローカルな話し合いの中からのみ出てくる質問とを類別している。ブルーナーの最初のカテゴリーが、私の言うところの「答えを質問に優先」にあたるが、これにはレトリカル（説得用）な質問形式や教育用の質問形式がある。レトリカルな質問では、答えがすでに用意されているし、教育用の質問では、答えの方向性が示唆されている。従来のセラピーにおける質問は、この種のものであることが多く、それがために方向性（例、正しい現実）が示唆されているし、答えを得るためにクライエントと一定の距離を保とうとする。

「正しい質問をしてね」

ノルウェーの北部でワークショップをした折、私は昼食時に向かいに座った女性の参加者と話し始めた。彼女は笑みを浮かべ、気さくな感じで、自信たっぷりにも見えた。私が彼女のことを思い出せないと思ったのだろう。彼女の方から、「覚えていらっしゃらないと思うけど、私アンナです。一度あなたと面接したことがあって、その時に真っ先に『正しい質問をしてね』って頼んだ者です」と自分の方から紹介した。彼女の言うのも一部正しかった、私はたしかに最初誰だかわからなかった。話を聞いてすぐさま思い出したものの、数年前コンサルテーションの面接で出会った時の女性とは随分違って見えた。アンナは看護婦をしていたが、彼女のセラピストは当時アンナの消えない自殺願望を心配しており、何か別の視点が助けになるだろうと感じていた。

アンナは、あの時の面接でのこととあれ以来彼女の人生におきた劇的な変化について語った。私たちが当時最初会った時、彼女は別に私と話などしたくなかったそうだ。私は紹介されて、なんて生気のない人かと思ったのを記憶している。私がまた思い出すのは、その面接がアンナとそのセラピーの何かの助けになるよう願っていたセラピストに私は共感したものの、「正しい質問」ができるかどうかは自信がなかったことだ。そこであの時私はこう言った。「あなたのこと、たとえばどこに住んでいるとか、それからあなたはドクターRにどのようにして会ったのかとか、その辺りから話してもらってもいいですか」。アンナは、仕事のこと、離婚のこと、それと娘のことなどに触れた。私はその時アンナの娘のことと娘が出て行ったことでの彼女の嘆きに関心をもった。娘と母親が自分の人生にそれぞれ責任を負うことができるのだろうか、とアンナは悩んでいた。彼女の絶望感のこと、生きるあてがなくなったと言ったこと、そして食事や身だしなみもどうでもよくなったと言ったときの彼女を、私は思い出していた。彼女の悲嘆、心配、疑問について一緒に頭を絞ったのを覚えている。「どうしてそうなの?」、「もしこういうことなら？」「私が娘さんにもし会ったら、なにかできる？」というようなことを、言った覚えがある。私は、今回自分から自己紹介して、その時の経験を話してくれたアンナに感謝の言葉と、もしよかったらまた私に話を聞かせてほしいと言って別れた。

偶然再会してから数カ月がすぎた頃、アンナから手紙が届き、この前私と会ったことが刺激になって「いろいろな思いが呼び覚まされた」と書いてあった。自分を振り返ってみて、彼女は「生きていてよかった」と思えるという。次の段落は彼女の手紙からの引用だが、アンナにとって英語は母語ではないが、それも理由だろう、この手紙は詩情あふれている。

私は、ふざけたりもできず、身振りも少なく、深い悲しみの中にいた。生きていたくなかった。でも新しい生活を試みようとしてみた、自立できるよう。自分のために食事をとって、外を散歩して。色とりどりの、花を見て。太陽や夏を肌で感じて。でも、心の中は暗かった。何年も、何カ月も、死ぬことを願った。表面は笑顔の道化師のよう、中は暗い闇のまま。死にたかった。

あなたが正しい質問をするのは、難しかったでしょうね、私は隠していたことがあったから。あの時全部をあなたに話すことはできなかった。隠しておかなければいけなかった。あなたが質問したので、私は自分の自立のこと、娘のいない新たな生活のことを話した。娘のことが心配で、そのことをあなたとずいぶん話した。

あなたとの面接で、私は生きることに確信がもて、死と闘おうと思った。自分のために食事をとらなければ、外を歩かなければ、とあなたは私に気付かせた。

彼女は手紙の中で自分のセラピストと今もつづく面接のことに触れ、次のように言う。「一番大きかったのが、話をすることでした。彼（セラピスト）は、何度も何度も話して、悲しみの中から私を救ってくれた。自分で自分の人生に責任を持つことを教えてくれた」

アンナはまた私の彼女に対する接し方についてもコメントした。私との話し合いが、看護婦として患者と接する際、彼女に大きな影響を与えているという。

私は自分の後ろばかり見てこれまで来た。でも今は生きていてうれしい。いろんな人（患者も含め）に出会った。が、今になってそれらの出会いが、それぞれ人が自分の人生にもつ責任だったことがわかる。その人たちの思いや感情を大切に扱うこと。私は感じていることを言えるもの。どんなに嬉しくて、どんなに悲しくて、どんなに怒っているかを。今自分の感情と一緒にいられる気がする、私が主人公で。でも、強い感情に押し流されてきた自分がいる。認めよう！　死に走らず、状況に踏みとどまる。問いかけてみる、自分のこと、人のこと。先はわからない、でも今気持ちいい。少しは絵を描いて、機械を使って編み物もしている。

彼女の手紙は、「質問をしてね！」で締めくくられていた。

アンナのストーリーは、語りが事態を変えていく力を持っていることをよく表している。アンナにとって私との会話は、その時までの継続され絡み合った多く会話の一部だ。たとえば彼女がセラピストと交わした会話、彼女が自分自身とあるいは他者と交わした会話、それと彼女のセラピストが彼自身や他の人と交わした会話など。私との会話は、アンナに自分自身とまたセラピストとの間で新しい会話を始めさせた。彼女は新しい自己物語を書くことを通して、自殺願望のとりこから自分を解放し、自分の書いた物語の主人公になった。が、その物語は、私や彼女のセラピストによって、書かれたり、編集されたり、指示されたものではない。自分が主役であるという意識が、彼女に（自分の人生と将来に対して）責任をもつ感覚を芽生えさせ、これまで感じてこなかった自己効力感つまり主体性を与えた。多くのクライエントが述べるような希望と自由を彼女も手に入れることができたのだろう。

2年後、アンナからまったく思いがけなく、ナプキンの上に短く手書きされたものが、郵送で私の所に届けられた。「今ではすべての問題から抜け出せています……。もう誰も問題が何だったか覚えていない、でも（それなしでも）今私は自分の人生を生きることができる……自分の問題から多くを学んできたと思う」。そのつづきに、娘の最近のニュース、ふたりの孫娘のこと、そして皆元気にやっていることなどが綴られていた。

「正しい質問」とは何のことなのか、と読者は思うだろう。それはわからない、アンナはなにも言わなかった。正しい質問は、前もって知ることはできない。つまりそれは頭がいいとか、巧妙だとか、賢いという結果ではない。型にはまった質問があるわけではない。一つ一つの質問は、今相手が言ったこと、あるいは言わずじまいのことを理解しようとして発せられるので、それぞれが会話全体のプロセスの要素だ。正しい質問は、クライエントの経験の世界に、こちらが埋没した時に現れてくる。私の推測では、また正直なところ、アンナが言うところの「正しい質問」は、いわゆる質問というものではない、と私は思いたい。彼女が言いたかったのは、うつや、自殺や、自暴自棄や、行き詰まったセラピーに関して既成の知識を追求するのではなく、むしろ彼女を追い込ませ不安にさせた事柄に対して、濃やかな注意を向け、それに関心を示し学ぶことであった、と私は思う。私の学んでいく仕方が影響を与えて、彼女に自分がその会話に招かれていると感じさせ、そこに居場所があると感じさせた、そういうことを彼女が意味しているのだったら私はうれしい。

「大抵の人は同じことを言うんだ」

アンナが私たちに「正しい質問をしてね」と要請したことで思い出すのは、前にも話したが、五年の間自分にとって正しい医師やセラピストを探し歩いたトーマスのことだ。そのことについて、私は彼に対して「このことで五年もの間奮闘してきて、もういい加減疲れたっていうか、フラストレーションも感じて、頭にきているといったところ？　私にはうまく言えないけど」と推量で言ってみた。

するとと彼は痛切な表情で「ぼくがその（悩みの）話をすると、大抵の人は同じことを言うんだ」と応えた。

「同じことを言うって？　どういう意味で？」

「ぼくには彼らが何を訊いてくるかわかるんだよ」

「えっ、ほんと――」

「それからどんな答えを訊きたがっているかもね。退屈だよ、こちらはそれなりに傷つくしね。重たい気持ちにさせられる。彼らは空想を広げようとしないし、起こっていることに批判精神を発揮することもないのが残念さ……。彼らは問題が何かわかっていると思っているし、それに固執している」

トーマスによると、彼の方が話そうとしても、すでに知っている話か、あるいは聞きたいと思っている話以外は興味を示さないセラピストたちがいるという。そして彼の話を聞かない人たちには二種類あるそうだ。私はできることならこれまでのセラピストの失敗をおかしたくないので、トーマスにこう提案した。「じゃ、そのことから始めてみましょうか。あなたのことで私が一番知っておかなきゃいけないことって何？　他のセラピストたちが誤解したか、充分注意を払わなかったことって何？」

その後ですぐトーマスは、彼が出会った話を聞かない二種類のセラピストまたは医師について語った。ひとつは「こちらの話を面白がって聞く人たち」、もうひとつは「細かいことを聞きたがる人たち」だという。どちらのタイプも彼の話を「聴いていない」、そのため両者とも彼にとっての重要なことを見逃している、と。

そこで私は「皆が見逃してしまうことって何、私も含めて？　皆に見逃してほしくないと思うことは何かしら？」と尋ねた。

「自分がその状況で一人ぼっちだっていうこと、それが何を意味するかということさ。だって、一人ぼっちというのが当たってると思うよ」

トーマスは、これまでの医師が彼の真の問題を知ること、つまり彼の身になって理解することというのは不可能だったと言う。したがって、医師が彼の状況を他の専門家に要約して伝えたのは間違いだった、彼が自分で話すのが許されるべきであったと。彼が言うには、医師は「他からの報告を基にして診断をする場合、判断を誤る時がおうおうにしてある、特にその人がぼくに会ったことがなく、報告を通してでしか、ぼくのことを知らない時はそれがありうる」。そして、患者として自分が医師に反対意見を言った時の気まずい雰囲気について語った。トーマスが言うには、それらの医師はお互いの意見を分かち合おうとしなかったし、彼の言葉にすると「合議制ではない（not collegial）」ということだった。

「それは同等のパートナーでないという意味で?」と私が聞くと、

「あなたにはわかるんだなー」とトーマス。

「そうは思うけど、思ってるだけかもね」と私。

この後で彼は、クライエントのストーリーをすでにわかったことと考え、そのストーリーを引き出そうとして質問するセラピストや、ストーリーの聞きたい部分だけ詳細に興味を示して、本当の意味で人の話を聞かないでいてしまうセラピストについて触れ、その場合の隠れた落とし穴について例を出して説明した。

「尋ねられた質問に対して自分の説明を作り上げていく」

われわれは質問する時、自分という人間が誰で、今何を考えているかを相手に伝えている。その質問に対する返答が、こちらの「答え」を構成していく。私はクライエントが自分の答えを出すような質問をしたいといつも思う。次に引用する印象的なやりとりは、アン・ライスの『魔女の刻《とき》』（"The Witching Hour" Rice, 1990）からのものだ。ここでは、トーマスの例にもあったように、こちらの質問の選び方が、クライエントが言いたいことを聞くのを妨げたり、それればかりか、時にはどんなクライエントに会い、またクライエントの話やその人物像をどう構成するかにまで影響することが述べられている。

「私（というクライエント）が誰なのかという説明はいくつも可能です。尋ねられた質問に対して自分の説明を作り上げていくわけですから。私は自分の決断で自分のことをあなたに伝えることはできます。が、しかしそれは長い年月他の人たち（セラピストたち）からの質問を通して私が学習してきたものに過ぎません。つまり造られた概念（a construct）です。もし新しい概念が望みなら、質問を発することです」

「完璧で洗練された言葉で答えるよう励まされれば、私はそうすることはできます。どうしようもない誤解、間違い、それにいい加減な分類でも、あなたの方でよしとするならば。私の言うことは、真実からはズレてるかもしれない、しかし真実こそあなたの望みだとは思うけど」

「でも、その（完璧で洗練された答えの）やりかたは？」

「それは、私が人間の思考について人から学んだことを通してですよ、もちろん。でも要するに私の言いたいことは、質問を選ぶってこと――たとえば純粋に真実が知りたければ、話の最初から聴くことですね。不可解で、謎めいた答えが聞けるでしょう。それらは使いようがないかもしれないけど、でも、みな本当のことです。または、どこか途中から聴く、そうすれば洗練された学識のある答えを聞くことができるでしょう。いずれにせよ、あなたが知る私というのは、私があなたから教わった私のことです」

(pp.926-927)

どのような質問、コメント、話題がでてきてもいい。重要なことは、それらを発する姿勢だ。いうなれば物腰、言い方、そしてタイミングだろう。どんな質問も、ちょうど個人的な思いやコメントや意見を出す時もそうだが、断定的でない言い方がいいだろう。断定的でない（tentativeness）というのは、曖昧とは違う。それは他者に対して開かれているということであり、相手に参加の余地を残すということだ。こういう態度で質問することで、クライエントは、質問に答えることも、それを変更することも、または無視することもできる自由を認められたことになる。

「条件つき質問」

私が無知の姿勢で思い出すのは、ちょっと良くなっては退院しまた悪くなって入院するといった回転ドア式の治療の失敗経験を持つビルの言葉だ。彼は精神病と診断された三〇歳の男性で、何度も入退院を繰り返してきたため、何年も仕事ができなかった。私たちのところへ来てから改善を見て、ビルは自分のコンピュータ・プログラマーの仕事に戻ることができた。やっと自分の生活に対処できる力、つまり主体性がもてるようになったと言った。彼はまた、ここでのセラピスト（ハリー・グーリシャン）は、今までの何人かのセラピストとは違っていたとも述べた。この流れが背景にあって、ハリーはビルとの会話で次のように質問することになった。「以前のセラピストがどうしてくれていたら、もっとあなたのためになったと思いますか？」これに対するビルの返答は、無知の姿勢についての言及だと思われる。

それは興味深いけど難しい質問だね。ぼくが最初に気が変になった時、もし、あなたのような人がぼくに話しかける方法を見つけてくれていたら、……当時、自分が最高位の軍人であるという妄想にいつも取り憑かれていたんだけど……ぼくはこの妄想が恐怖や不安に打ち勝つよう自分に言い聞かせるためのものだと気づいていた。でも医者たちはこのことについてぼくと話そうとはせず、いつも、ぼくが「条件つき質問」と呼んでいることをするだけだった。

「条件つき質問って何ですか？」とセラピスト。

あなたたち専門家はいつもぼくを調べようとする。ぼくと話し合う方法を探すのではなく、あなたたちにわかっていることをぼくがわかるかどうか調べるんだ。「これは灰皿ですか」と、ぼくがわかるかどうか質問する。まるで、あなたたちにわかることがぼくにもわかるかどうか試したいかのように。……しかし、それは、ぼくを一層怯えさせ不安にさせるだけだった。もし、あなたたちが、ぼくがどれほど怯えているかをわかって話してくれていたら……一緒に、あの「狂った元帥」をやっつけることができたかもしれない。

ショッター（Shotter, 1994）はこの会話がビルにとって「心に触れる」ものだったこと、つまり「彼の存在に忠実だったこと」を指摘している（p.6）。それは、ビルが参加を許される「会話のかたち」であって、彼が会話の外に置かれてきた今までの場合、つまり、専門的理論を援用して問題解決に向かおうとする話とは好対照だと、ショッターは言う。あるいは、専門家の観察をもとにしたり、ビルの精神状態を推定してなるべく正確に描写しようという「話のかたち」とも好対照をなす（p.9）。無知の姿勢によって、セラピストはビルが「条件つき質問」と呼んだ訊き方ではなく、会話的質問がより可能になる機会に恵まれる。

(3) 聴く、応える

「耳を傾けてくれた」
「私が言ったことを正確に聞いてくれた」
「ずっと求めていたのは、誰かが聞いてくれることだった」

クライエントたちは、耳を傾けてもらいたい、わかってもらいたい、と言う。私はクライエントたちと話し、セラピーの経験と助けになったことについて尋ねると、失敗したセラピーに共通して言えることとは、耳を傾けてもらえなかった、わかってもらえなかった、という答えが返ってくる。では、耳を傾ける、聴く（listening）とはどういうことなのだろう？　わかる、聞く（hearing）とはどういうことなのだろう？

聴くことは、心理療法においてはあまりに当然なことなので、それについて述べることはナイーヴなことにさえ聞こえる。フロイトによって紹介された傾聴（リスニング）の概念は、それが感情移入との関係で論ぜられる一九五〇年代まで議論されることは少なかった（Jackson, 1992, pp.1626-1627）。心理療法においては、傾聴という形式は何のためにあるかというと、観察の次にくる大切な方法として、臨床ケースに関わる情報を集めそれについて知るためであった。そこでは、聴くことは、おおむね受身の姿勢とプロセスを意味していた。一方いわゆる能動的な部分は、聞き手の頭の中での作業であって、言われたことを静かに整理しその意味を理解するところにある。つまりセラピストが優れた聞き手であるならば――たとえば共感できる聞き手、注意深い聞き手、あるいはレイク（Reik, 1951）が言った「第三の耳」がある聞き手ならば――そのような傾聴は、クライエントの言葉の向こう、あるいは言葉の裏にある（たとえば意識していないことや抱え込んだ）感情、思考、意味にアクセスし、それらを掘り出していくことにつながると、このように信じられてきた。セラピスト特有のリスニングを通して獲得した知識が、クライエントに介入していく案内役を務める。そこではあたかも「話して治療すること」が「癒すことにつながるリスニング」とはかけ離れたもので、前者がリスニングの後にくる段階であるかのようだ。

私は上記の立場と異なり、耳を傾けて聴くこと（listening）と聞いてわかること（hearing）はつながっていて、しかも能動的で相互に作用する過程だと考える。私は「リスニング（listening）」という言葉を定義して、クライエントのストーリーとそれが伝える重要な事柄に対し、注意を向け、働きかけ、反応し、それについて学ぶこと、としたい。ストーリーを語るのは、語り手とか聞き手という役があるものの、単にひとりが話しもうひとりが聞くというだけでなく、何倍も複雑なプロセスがそこにある。それには「ヒアリング（hearing）」ということが関係していると思われるが、レヴィン（Levin, 1992）は、それを「理解の交渉過程」（p.48）あるいは「二人（かそれ以上の人々）がお互いの理解に到達しようとして意味を共有していく取り組み」（p.50）と定義した。「リスニング」（聴くこと、耳を傾けること）と「ヒアリング」（聞くこと、わかること）は、手を取り合って進み、離して考えることはできない。

アクティヴに聴き、反応しつつ聞く

私の経験からいうと、理解の交渉を進める対話は（聴くことはその対話の一部だが）、ある独特の態度や行為によって前進する。私はそれらを「アクティヴに聴き、反応しつつ聞く（responsive-active listening-hearing）」と名付けている。反応しつつしかもアクティヴに聴くことで、クライエントは自分の側からの言葉を発し、心の内を私たちに伝えることができる。ショッター（1995b）はこれを説明して、「このような聴き方や反応の仕方は、われわれ自身の考えに沿って行動するのではない、反応的に状況の中に入り込み、状況が求めていることを行う」（p.62）と述べた。

クライエントは自分の観念形態（たとえば、先入観、偏見、経験、期待など）をそれぞれもっていて、それらはその人にユニークなものであり、問題とそのストーリーの構成に影響する。そのストーリーを共有可能なものにするため、セラピストに必要なのは、クライエントの世界に自分を投げ入れ、クライエントにとっての問題の意味、つまりその原因、ありか、解決についての見方に対して興味を示すことだ。同じくらい大切なのは、クライエントのセラピーやセラピストに対する期待が何であるか知っておくことだろう。

このように耳を傾けて聞いていくには、セラピストは相手の観念形態、つまりその人の現実、信じていること、そして体験に対して、純粋でオープンな姿勢やマナーで作業することが求められる。このように聴く姿勢やマナーには、相手に対しての尊敬、謙虚さに合わせて、クライエントが言おうとすることに価値を見出すことも必要だろう。それはクライエントが経験した知識としてもつ苦悩、悲劇、ジレンマに対して、思いやりをもってあたることを意味する。またクライエントが今言ったこと、あるいはまだ言葉になっていないことについて、もっと知ろうとする姿勢を意味する。この姿勢とマナーは、クライエントの言うことに対して——質問したり、コメントしたり、アイデアを広げたり、不思議に思ったり、自分自身の感じたことを共有して——積極的に働きかけ、反応していくことで達成される。このように興味を示していくことで、クライエントの「言ったこと」を誤解しないようにできるし、また「言わなかったこと」についても知ることができる。言語学者のデボラ・タンネン（Tannen, 1990）は、次のように表現した。「われわれは誰もが、何にもまして、聞いてもらいたいと望んでいる。ただし、単に聞いてもらうだけではない。われわれは理解してもらいたいのだ。言っていることをわかってもらいたいし、意味したところを汲んでもらいたい」と（p.48）。

理解できたと思い込まないために、意味の空白を急いで埋めようとしないために、そしてクライエントの言わんとすることを聞けているか確かめるために、たとえばセラピストは「誤解しないよう訊いておくけど、あなたの言いたいことって……ということですか？」とか「それって……に似たことですか？」とか「とすると……のことを意味してくるの？」あるいは「今あなたは……と言ったけど、……のことを言いたかったのですか？」というような質問をすることができる。このように誤解を避けるための質問やコメントは、言われたことを忠実に理解しようとすることなので、興味を持って、しかし決めつけない態度で言ってみるべきだろう。

アクティヴに聴き反応しつつ聞くことは、何もせずただ座っていることではない。セラピストは何も言えず、アイデアを提供できず、意見も言えない、ということではない。それはまた単なる技法を意味しているのでもない。アクティヴに聴き反応しつつ聞くとは、セラピストの気取りのない態度やマナーのことで、相手に対する心からの尊敬、興味、好奇心を伝え、それを目に見える形にすることだ。セラピストは必要を感じれば、クライエントのストーリーに対して、最大限時間と余裕を与え、時には話に口を出さないことだってある。私は、クライエントが長々と話しても気にならないし、そこから何か推測しようとも思わない。

このように耳を傾け聴くことが、対話にはどう影響するのだろう。関係促進にどう影響するのだろう。再びここで、聴く、わかる、対話するということを話題にしている現代小説からその登場人物の声を聞いてみよう。

小説の登場人物の声から

フィクションに現れる人物が、聴くことのエッセンスを捉えている場合がある。それが対話へとわれわれを導く。まずアン・ライスの『夜明けのヴァンパイア』（"Interview with a Vampire" Rice, 1976）の中から、その主人公の言葉を聞いてみよう。

わたしは突如途方に暮れた、だがアーマンドが聴いている様子はずっとうかがっていた。彼はここにいるのが自分だけじゃないような風情で聴く、それでいて、わたしが言ったことすべてが顔の表情に投影されているかのようだ。彼はわずかな言葉の切れ目を見つけて切り込んでくることはない、こちらの考えがまとまる前に自前の理解を主張しようとはしない、一時の感情に駆られて言い争うこともない。しばしばこういうことが対話をできなくさせる（pp.283-284）。

ペーター・ホゥの小説『スミラの雪の感覚』（"Smilla's Sense of Snow" Høeg, 1993）の主人公スミラは、グリーンランドの女性で自分の肌の感覚のように「雪の感覚」をもっている。彼女は聴くことの最も重要な点について、彼女に尋問した刑事を引き合いに出してその時の経験からこう語る。

わたしは何も言わないでいる。沈黙の効果が捜査官に少しでも届くようにと。しかし見て取れる変化はない。彼のサンド・カラーの目はしっかりわたしに向けられたままだ、たじろぎもせず、困惑した様子もなく。きっと必要なだけ彼はここに立っているだろう。これだけでもこの人は少し変わっている

(pp.43-44)。

そしてスミラはさらに。

聴き方を知っている人はまれだ。性急に会話を途中で切り上げる人。状況を良くしようと頭の中で忙しい人。あるいは、取っ掛かりはどこかと、こちらが黙るのを待ち構えている人、さあ出番だと言わんばかりに。

わたしの目の前に立っている人はどこか違っている。わたしが口を開くと、彼は注意をそらさず聴く、言ったそのままを聴く（p. 44)。

スミラはジェスチャーを交えて雪の中の小道がどうしてできたか説明しようとする。それとともに彼女は刑事の判断をいち早く察知しようと、彼の表情の中に自分への不信の徴候がないか探そうとする。

わたしの耳にだって自分の言っていることが信じ難い。冷笑的な言葉が返ってくるのを予想する。が、それは来ない。

彼は屋根の向こうに目をやった。この人には、神経質な顔の引きつりも、帽子にすぐ手をやる癖も、パイプに火をつける仕草も、片方に寄りかかった体重を左右に移す動きも、ない。手帳を取り出して書いたりもしない。一言でいえば、彼はとても小柄の体格で話に耳を傾け慎重にものを考える男だ、としかならない（pp.44-45）。

見捨てる人がまたひとり

セラピストは、アクティヴに聴き、反応して聞くのを怠ると、質問やコメントあるいは予想や助言を与えるのを急ぎすぎてしまう危険性をもつ。そうなるとクライエントは、わかってもらえない気がして挫折感を感じ、批判されていると感じるだろう。そして、それが対話の前に立ちはだかり相互性をブロックする。たとえば、家族内の暴力のように、感情的なものや文化的価値観が強く働いている場合はなおさらだが、セラピストにとって難しいのはそれに耳を傾け、わかってあげることだ。スー・レヴィンが面接した女性、ナンの言葉はこの意味で説得力をもつ（Levin, 1992）。以下のレヴィンとの会話では、ナンがわかってもらえず失敗に終わったセラピーとその状況が描写されている。

「あなたはこのことでいろんな人のところへ行ってみたと言ったけど。家族、友だち、以前のセラピスト、それと教会と。誰かが理解してくれたという感じをもったことは？」

「実際、一度もなかった」とナン。

「一度もなかったのね」とセラピスト。

「同じような体験があって理解してくれる人は誰もいなかった。なかでもセラピストは最悪だった。というのは私が、んー、というか私たちが、新しいセラピストに会うでしょ。その度に私は希望をもつのだけど、でも私たちがそこへ行くと、大体いつも状況は悪くなっていって、そしてさらに悪化する、というのがいつものこと。なぜって夫はこういう問題に対処できなかったからです。まったく無理でした。彼はほんとに病気だったんですから。それで私たちは何かのモデルに従ってやっているセラピストのところへ行ったんです。わかるでしょ，喧嘩の原因になるものを何か取り上げて，直す訓練をするやり方。でも実際何かが原因になる前に喧嘩は起こっているんです。今になってわかるけど，夫は緊張が高まると，何でもいいからその辺から喧嘩の理由を探し出してきたから。そういう力学は，んー，紙に書けるような原因から起こるんじゃないし，面接室の中で訓練するっていうようなものじゃない。……ほとんどのセラピストは男性だったし，みな私を非難した」(pp.71-72)

スーはナンがいう現実やセラピストについての認識に疑問を持つこともできた。またナンが「事実」を歪めているといって対抗することもできた。しかし，もしスーがこの方針でやっていたなら，ナンを信用しなかった人がもう一人増え，そのストーリーを聞いてイライラする人が一人増え，さらにナンを見捨てる人がもう一人増えてしまったことだろう。

(4) 結束を保つ

「あ，帰る前にもう一言」

クライエントたちは自分らのストーリーを話す機会が欲しいという。そのためにセラピストはクライエントの一人称の物語のための空間を創りそれを保証しなければならない。セラピストとして他者のストーリーにオープンな態度で臨もう、そして相手の話したいことに関心をもとう、というコミットメントが本物なら、それがいま述べた空間を創り出し保証していく重要なステップになる。このことはクライエントが住む現実に沿って仕事をすること、つまり問題や手にしたい解決にまつわる彼らの言語、語彙、メタファーに沿って仕事することを意味する。このように空間を創造し、クライエントのストーリーに没頭し、それに導かれていくことが、「結束を保つ（maintain coherence）」ことだと私は考える。またこうも言える。セラピストが知らないから学ぼうという時、その会話は結束を保っている。

このようにクライエントの現実を尊重することは、問題を具体化してしまうこと、クライエントのストーリーに溺れてセラピストが自分を見失ってしまうこと、あるいはクライエントの意のままになってしまうこと、などと混同されやすい。その混同には、意識的なものもそうでないものも、または公然としたものもそうでないものもあるだろうが。たとえば、配偶者を虐待したり、薬物の乱用をする人たちの現実の中で会話することは、その否認に加担したり、文化が非人間的とみなす行為を許したり、社会的、道義的責任を放棄することと同じではない。それは問題を持続させることにもつながらない。正反対だと思う。私の経験では、彼らの現実と調和を保つことが、固定した立場を超えさせ、対話を促す重要な要素となってきた。人は機会さえ与えられれば、話したいこと、話すべきことを話すだろう。たとえば、虐待の加害者にしたことを告白すべきだと、われわれがもし考えるとしたら、それを引き出そうとすることで彼らのストーリーを妨害することになる。そして不注意にもセラピストとクライエント双方が交わらない平行線の独白《モノローグ》を作成することになる。対話を通して相手と結束を保つことは、その人が当然のことのように経験を語り記述するその仕方に、余裕と隙間を提供することだ。ベイトソンの言葉を借りれば、「斬新なアイデアを考案するには、当たり前だと思っている事柄に隙間を見つけることが必要だ」となるだろう。クライエントにとっては、動くことのできる余地ができ、セラピストに自分の見解を売り込んだり、それを守ったり、または説得することにエネルギーを費やさないですむ。

会話において結束を保つことで、セラピストの意見だけが優勢になり話の内容を決めてしまうのを避けることができる。またクライエント自身の手によるストーリーの発展、そして微妙なしかし意味のある差異をもった未来のヴァージョンの発展を阻害することが少なくなる。私たちのクライエントだったトーマスは、自分の問題の助けを求めようと試みたが失敗続きだったことを引き合いに出して、この点に言及している。つまり訪ねたセラピストたちはすでに自分のストーリーをもっていて、トーマスの話を彼らの知っているそれに適合するよう言い換えてしまうのだった。トーマスの場合、ショッター(1994)の表現を使えば「会話の世界から外れたところ」に置かれたことになる(p.9)。そしてセラピストに理解されたと感じた三人のクライエントを念頭にショッターはこう言う。セラピストが理解する必要があることは、

自分の居場所があると感じられる会話にクライエントがまず戻れること、クライエント自身のあり方に沿った言語をセラピストも含めてみなが味わうこと、……そしてさらに新しく自分のあり方を明確な言葉で公式化する可能性があること、つまりそのあり方についての新しい語り方、新しい表現の仕方が

可能であることなどだ（p.9）。

クライエントは会話の場から外されると，その話し方や行為がわれわれには非協力とか，抵抗とか，否認とか，またひどい時にはパラノイアだというように映り，現にそう呼ぶことがある。また聞き手がクライエントにとって大切なことを聞き落としたり，話すチャンスを与えなかったりすると，面接の終わりになってクライエントは，急に「あ，帰る前にもう一言」といって寝耳に水の話を出したり，あるいは「私があなたに言いたかった本当のことは……」というように新しい内容を話し出すものの，それにはもう時間がなくなっている，といった状態が起こる。

コラボレイティヴなアプローチでは，セラピストは会話の内容や結論を一定の方向にコントロールすることはしない。また同時にセラピストは，ある方向への変化に責任を負っているわけでもない。ブラテン（Braten, 1984）は相互主観性（間主観性）という言葉でこのプロセスを説明するが，それは参加者すべてが相手の創造性と意識に余裕つまり空間を創る対話だと述べた。「新奇なもの」は，たち現れてくる。セラピストが提供し発展させるのではなく，クライエントとセラピストの対話を通して共同で創作される。

セラピストはただ「相互作用システムの円環の一部」（Gadamer, 1975, p.361）になるに過ぎないし，「解釈の循環」の一部に過ぎない（Gadamer, 1988）。それらはセラピストの予見を出発点として解釈が始まる対話の過程である。つまりセラピストもクライエントも，これまでの経験をもとに何が話されるか，常に予想してセラピーの場に臨む。そこで生まれる意味は、相互作用によって生まれる意味である。つまり参加する人が持ち寄ったものやその場で出現したものの間のやりとりによって生じる。新たな意味が発生するのは、セラピストが聞こうとすることの目新しさ（それについての無知）にかかっているし、参加者ひとり一人の発話と彼らの内なる会話の両方に同時に注意を払うセラピストの能力にかかっている。

私はここで強調しておきたいが、会話において結束を保つことは、とるに足らない世間話をすることではない。それでは深みも目標もなく発展性がない。それはまたセラピストあるいはクライエント個人の偏見を強化する雑談を意味するのではない。それは対話の復活という目標をもった会話だといいたい。この対話の復活という側面とローカルな言語、ローカルな意味への注目は議論に値するだろう。

ローカルな言語、ローカルな意味

セラピーの場で発展するストーリーは、経験を一人称の「私」が主人公となる形で、具体的かつローカルな言葉で説明すべきだと思う。そのストーリーは、たとえ一時《いっとき》のものでもクライエントの苦闘の実態を理解でき、結果として新しい物語に行き着くものである必要がある。ローカルな言語やローカルな意味が重要な理由は、個々の「学習者」にとって、またそれぞれのセラピーにおいて、経験の領域とその経験をどのように覚えているかが著しく違うからだ。クライエント、他のセラピスト、学生など、相手の使う言語と調和することで、ローカルに（対話の場だけで）共有される理解の進展とローカルな（対話の場においてのみ通じる）語彙の発達に近づくことができる。それは対話に参加する人々の間で展開するものであって、広く行きわたった文化的意識から（影響は受けるだろうが）形成されるのではない。したがってクライエントが、日常自分の問題を記述し解釈するのに使う言語をセラピストが使って対話に臨むことが、ローカルな、その時その場での理解をともに進めるのに重要になる。

このような対話への関わり方をするためには、セラピーでのわれわれのコミュニケーションが、心理学理論や家族モデル（精神力学モデルや構造モデル）のように、会話の外からのキーワードや比喩を使って、またそういう言語と文化のなかで起こらないことが条件となる（Gergen, 1988a; Smedslund, 1988）。専門家の言語は、概念という眼鏡であって、われわれには意味をなしても、クライエントたちには、そうとは限らない。専門家の言語は階級性を伴う傾向がある。つまりその言語世界で下位に置かれた者を支配し、表現を一定の方向に狭め、結果的に何気なくだが相手を黙らせる。われわれの使う専門語は、紋切り型の理論的概念で容易に物事を片付けてしまうよう、われわれを仕向けてくる。それがためにクライエントの経験からかけ離れてしまうし、セラピスト自身の経験からもかけ離れてしまう。専門家の言語は、おうおうにしてコラボレイションをもたらさない。

それゆえ、私は協調的で集団性をもつ言葉や言い回しやセンテンスを使おうと試みている。つまり相手を会話に引き入れ、すべての人が参加者になる言語である。私もそこに居合わせる人も、たとえば、同僚、学生、ワークショップの出席者も会話に招かれているような。それは「相手に対して」話したり「相手について」話すというよりも、「相手とともに」話すという姿勢を伝えるものだ。

具体的には、もしあるセラピストとそのクライエントに会ったとすると、私は「ふたりでこれまでどんな話をしてきたの?」、もしセラピーが四人で構成されていれば「みなさん四人はこれまでどんな話をしてきたの?」と訊くだろう。また「ふたりが会うようになってどれくらいの期間ですか?」などと尋ねる。もしその会話にオブザーバーとして参加している人がいれば、「あなたから見て私たちが知るべきことは何だと思いますか?」とその人に質問するだろう。コンサルテーションを依頼した人が事例を発表するなら、「われわれがあなたにどのように役に立つことをあなたは望みますか?」と私は訊くと思う。さらに協調的な言い回しの例を挙げれば、ハリー・グーリシャンがラースに「この病気にかかってどのくらいですか?」と言ったことがある。私はこのような言語はいくつかの働きをすると思う。まず会話の参加者全員を、より水平な人間関係とコラボレイティヴな空気で包む。そして階級性や対立関係の枠で、私あるいはセラピストを一段上に位置づけることがない。問題とかセラピーとかを引き合いに出すことなく、こちらから専門用語を授ける代わりに、クライエントの言語を私が学ぶ機会を得る。しかし、もしクライエントが問題とかセラピーという言葉を使った時には、私はそれに気づかない振りをしたり拒否したりはもちろんしない。

話の中身と話のプロセス

「でも、実際何を選択して聴くのですか?」、「何と言って反応したらいいかどうしてわかるのですか?」、また「クライエントが本当に話すべき事柄を話してない場合、どうするのですか?」というような質問をよく他のセラピストから受ける。これらは話の内容に焦点をあわせた質問だといえる。物語論の言い方をすれば、ストーリーには話の内容とともにそれを語るプロセスがある、つまりストーリーの中身も、語りかけ聴き入ることも、そしてそれについて会話を交わすことも含まれる。話す中身も話すプロセスも両方重要な意味をもつが、残念なことに内容を重視するわれわれの文化的価値観とセラピストの受ける訓練に影響されて、クライエントにとって意味あるものが発展するこの関係性のプロセスが軽んじられることが多い。

先の項で話した夫婦だが、妻はセラピーが役に立ったことを振り返って、さらにこう付け加えた。「何が起こったのかわからないです。家で何度も何度も話した同じことをここへ来て話したのですが、どういうわけか、ここで話すとなにかが違っていたんです。ここでその話をした後から、事態が変わったのです」

ここで私が強調したいのは、話題の内容や領域ではなく、セラピストが質問するしかたの方だ。つまり、何かについて話し合い共同で探究していくことと、誰が何と言ってまた何をしたかということをたどったり探知したりすることの間には大きな差がある。私は一定の種類の情報を探そうとは思っていない。それよりもその瞬間瞬間の理解を身近に感じ、その瞬間の理解の領域内で動き、そしてゆっくりその外へ向かうが、会話の中で大きな舵取りはしない。話の中身に集中してそのぬかるみにはまるよりも、(対話自体が力をもっているので) そのプロセスを使うことで、もっと広い動きと可能性を与えてもらえる。学生たちは、話の内容に関する質問とプロセスに関する質問はどう違うか、とよく尋ねてくる。その違いは質問の意図にある。つまり話の内容に関する質問はデータや情報を探す意図があるのに対して、プロセスに関する質問は対話を促す意図がある。

話の内容を重視すれば、技法やスキルを重視することになるだろう、そしてセラピーの機械的、客観的側面を強調することになるだろう。そして客観的側面が強調されれば、セラピストがクライエントについて「客観的に」経験することとクライエントが自分を主観的に経験することとの落差は失われてしまう（Toombs, 1990, p. 237）。セラピストにとってはふだんの日常の臨床も、クライエントにとっては、先の妻も述べたように、日常の出来事ではない。話の中身重視は、したがってセラピストの理解のしかたに沿う危険性があり、クライエントの理解のしかたを見失う、そして対話のプロセスの邪魔になりかねない。

（5）歩調を合わす

「時間がかかる」
「あなたは私を急き立てない」

クライエントからすると、セラピストは忍耐が足りなく見えることがよくあるらしい。クライエントに対してあまりに多くを要求し、宿題やアドバイスなどにクライエントが応じられなかった時、不満を口にするセラピストがいるという。それらは大なり小なりタイミングの問題に関わっている、と私は思う。私たちは、時々クライエントのペースを無視して、自分のペースで進んでしまう失敗をおかすことがある。そのため彼らと歩調が合わない、またはそのリズムに合わない。これは私の偏見かもしれないが、「知っている」と言うことは、私たちをスピードアップさせ、クライエントが行きたい方向とは別の方向に舵を取ってしまう原因になると思う。

私はサブリナがこう言ったのを思い出す。「それって、クライエントと並んで走るようなものね。『さあこっちへおいで、できるよ』（サブリナは引き寄せるジェスチャーで）とか、『そらゆけ、やってごらん』（押し出すジェスチャーで）とか言うよりもね」と。またトーマスは、セラピストがなぜ時間をかけて話を聞くべきか説明した折、「急いで面接をすると、（間違った）結論にかんたんに到達してしまうからだ」と言っていた。あるクライエントはまた、自分のセラピストは「肩を並べて一緒に歩いてくれる感じだった」とその幸運を表現した。

私は自分の経験から言うと、亀のように遅く行くことで結局早く到着するような気がする。それで、その行き先というのは、私がクライエントを誘導するか無理に連れて行く所ではない、われわれが行こうと共同で決めた所だ。その地点まで、クライエントと並んで歩いていくことで、後ろから急きたて、または引っ張って行くよりも早く行ける気がする。

私の面接を観察する人は、よく私の忍耐力のことをいう。ある同僚は、私が込み入っていて細かいクライエントの話を聞いたあと、私に「あの話を全部あそこに座って聴けるなんて、大変な忍耐だと思う」と言った。あるいは、あるサイバネティクスの専門家は言った、「あの女性ときたら、退屈製造マシーンだ」。これらのコメントには、会話というものがどうあるべきか、というその人の考えが象徴的に表れている。私は、忍耐と歩調を合わせクライエントのリズムに合わせることを同一視していない。忍耐がふつう意味するのは我慢することだろう、つまり相手が言い終わるまで待って、それから自分の本当に言いたいことや信じていることを言うという。こういう意味での我慢を私はしているのではない。クライエントとの会話の流れにまかせ、相手のペースで話を聴く、これは決して退屈ではない。もし相手が大切だと判断した話に純粋にセラピストが熱中しそれに参加すれば、それで自然にクライエントの動きに歩調が合っていくことになる。トム・アンデルセン（Andersen, 1995a, 1995b）の哲学は、この点で共鳴するものがある、「生き方を強いることはできない、それは自然に生まれるものでなければ」

(6) クライエントのストーリーを尊重する

「本気で受けとってほしい」
「認められたい」

クライエントは自分のことを本気で受けとってほしいし、認められたい、と言う。このことでは四十三歳になるハンスという男性と彼を育てた年のいった叔母と叔父のことが頭に浮かぶ。ハンスのいたハーフウェイ・ハウス（社会復帰施設）からの依頼の相談だったが、施設によれば、「時期尚早だがハンスを強制的に出した」ということだった。叔母も叔父もハンスがどこに住むかは問題ではないが、二十年以上繰り返された危機（再発）が将来もまたあるかもしれないので、ふたりが亡くなった後の彼のことをしきりに心配していた。ハンスは病院で慢性の分裂病と診断されたが、本人の自己診断によると

「自分が誰だか混乱している」というもので、彼の問題は「遅くまで寝ていて時間になっても仕事に行かないので、(施設の人たちは) 怒ってぼくを追い出した」というものだった。

最近起きたこの事件についてハンスはセラピストに、「あの人たちはぼくのことわかってくれてないんだ」と言ったので、「誰かあなたのことをわかってくれますか?」とセラピストが返すと、「叔母さんさ」と彼は答えた。そこでセラピストはその場にいた叔母に、「ハンスは叔母さんはわかってくれると言うけど、それはどうするんですか?」と尋ねた。「ハンスの言うことを本気で受けとるのね」と叔母は答える。ハンスはうなずく。ショッター (1995a) はこれについて、「ひとが自分の立場を周りとの関係で釈明できること、そして自分の言ったことを、ハンスの叔母が説得力をもって示したとおり、積極的な反応とともにしかも本気で受けとってもらうこと」の重要性を訴える (p.387)。

専門家主導のストーリーの危険

専門家のストーリーをクライエントのそれよりも優先するという考えは古くからある。人がすでにもっている先入観は人が見るもの見ようとするものにどう影響するか、という問題を扱う領域があるが、それは行動の確認の過程とよばれる。それらの研究によると、人は自分の予想するものを見ているのみならず、自分の期待に沿うように物事を作り変えているという (Jones, 1986, 1993; Rosenhan, 1973; Snyder, 1984)。たとえば、家族パターンというものを想定してそれを探せば、われわれにはそれが見えてくる。診断学の枠組みで見れば、診断名に行き着くことになる。もしクライエントが弱々しい握手をしたとして、それは受動性のサインだと信じていれば、そのクライエントにさらなる受動性を見出すだろう。またサブリナが私に対して次のように言ったのを思い出してみよう。

あなただって私のことよく知らないでしょ。私が言うことを座って聴いていて、何を頭の中で考えているの？　どうやって進めるの？　私の言う言葉を聴いているの、何かに気づこうとしているの？　何を探していて、セッションをどういう方向にもっていきたいの？　ここで何をマスターするの？　聴衆に何を見せたいと思うの？

サブリナのこのコメントをその場をコントロールしようとする試みとして見れば、われわれはコントロールということを彼女の中に認めることができる。セラピストがクライエントの問題が何かを「知る」のに、それを知るのが仮説であれ正式な診断であれ、時間はかからない、ということを包括的にまとめた研究がある（Snyder & Thomsen, 1988）。そして注目すべきこととして、セラピストはクライエントに会って3分以内に、紹介者からの情報やクライエントの記録から、最初のなんらかの臨床的な判断に至ることが多い、そしてこの判断が逆に治療方法や結果に影響していることが報告されている(Gauron & Dickinson, 1969; Sandifer, Hordern & Green, 1970)。

信じることが見ること、認識することが見ること、という点に関して、ヴィトゲンシュタインは、「『(物事を）これこれとして見る』ということが認識という現象の著しい特徴だ……『見る』ということは、人が実際もつ自分の視覚の範囲で『これこれ』として見るという意味と、もうひとつは自分の視界に入るものを何かそこに見るという二つの意味がある」と述べた（Van der Merwe & Voestermans, 1995, p.43）。

他領域の専門家たちとストーリー

専門家主導のストーリーがクライエントのストーリーより優先されるのは、セラピーの領域に限ったことではない。ベックマンとフランケル（Beckman & Frankel, 1984）は、患者と医者のインターアクション（相互作用）をその診療場面を通して分析し、医師が患者からその主な身体的苦痛の原因をそそのかすように引き出している、という示唆に富む報告をした。医師は、患者の話の腰を折ったり、尚早な仮説を述べたり、その一方で苦痛についての説明に興味を示さず、またはその機会を与えず、ほとんど自分ひとりが喋りつづけることなどによって、適切な情報を充分集めることを自ら妨げている。これが彼らの研究が示した圧倒的な結果であった。具体的にこう説明している。

> 短い時間で（18秒平均で）、そしてまた患者が一言懸念を表明した後に最も高い確率で、この調査での医師たちは、より限定的で、答えに選択肢のない質問をしはじめ、会話を統制していった。これらの質問は、患者からの情報が自発的な形で出るのを停止させるのに効果的だった（p.694）。

この点をまた他領域の専門家と比較すると、たとえば法律に関する研究でペギー・デイヴィス（Davis, 1992）は、法律というものを「インターアクティヴ（相互作用的）で、文化の価値観に埋め込まれたプロセス」という枠組みで捉えた上で、法律専門家が役割として上下関係を助長するか否かという点について吟味した（p.186）。模擬実験（シミュレーション）をして、弁護士と依頼人（クライエント）とのインターアクションを観察したところ、おおむね次のようなことがわかったという。

弁護士の役割をもつと、その人たちは依頼人とのインターアクションで断固として支配的な役割をとった。彼らは話題の選択をコントロールし、依頼人が初め話した後は、依頼人よりも頻繁に話をした。一方、依頼人の役の人たちは、専門家優位という前提に合致する行動をとった。彼らは、より途切れがちに話し、より態度をあいまいにしておき、不確かさを示す言葉遣いをいろいろ多く用いた（p.187）。

デイヴィスはこの研究で「比較的コントロールされている面接に対してオープンな面接というふたつのインターアクションの様式があり、それらは面接の始まる瞬間にすでに特徴づけられていることが確認できた」（p.187）という。コントロールされた、あるいは弁護士中心のスタイルの面接では、弁護士が多く質問し、多く要望を出し、優先的に話題を選び、その会話の流れを取り仕切った。依頼人は、ためらいがちで確信がない様子と、明確さに欠ける用語で、弁護士の言葉で問題を把握しようとする傾向があった。対照的に、オープンな、依頼人中心のスタイルの面接では、話題の相互選択、面接の相互コントロール、依頼人のより確信をもった言い方、依頼人の問題の解釈に対しての弁護士の介入の少なさ、などが特徴として上がった。

法律学の教授リチャード・シャーウィン（Sherwin, 1993）も同様、法律専門家と依頼人とのインターアクションを権力の視点から考察した。その論文で彼は、権限を持った人が、話題の選択と会話の流れを統制し、それによって依頼人のもつ現実感覚よりも、専門家ら自らの現実感覚を反映させてしまうことで、他者のストーリーを管理している、と指摘した。デイヴィス、シャーウィン両者とも、依頼人の熟達した知識が専門家のそれと結合できる余地、空間が、クライエント‐専門家関係には望ましいと唱えている。

通じ合うこと、協力すること、作成すること

これらの研究の結果は、クライエントを「対話と物語にむけたコラボレイティヴな関係」へ招き入れる具体的な方法についての示唆を与えている。次に示す会話の抜粋は、そういう関係を示す例で、セラピストのシルヴィアとクライエントのテレサが、テレサのそれまで慢性だった消化器系の病気、不眠症、またそれらからきた不安との戦いについて、会話をしている。テレサの言葉は、セラピスト‐クライエント、医者‐患者、そして弁護士‐依頼人とが会話し、質問し、意味を取り、物語を書く関係において、会話のパートナーとしてお互いが関わる、という根本を捕えている。対話することで自分を隠すのではなくオープンにできるという点に関して、テレサの言葉と前述のアンナのそれがとても似ているのに私は驚く。テレサの証言するクライエント‐セラピスト間の会話のやりとりは、キャシー・ウェインガーテン（Weingarten, 1991）が言う「親密性（intimacy）」やジュディス・ジョーダン（Jordan, 1991）の言う「相互関係（mutuality）」と一脈通じるものがある。

テレサ　最初ここへ来た時は、身体的に病んでいて、いろんなことがやりたくてもできなかった。それにおびえていた。恐怖感で自分を見る能力は衰えていたし、それが私をひ弱にしたし虚弱にした。だから初めにやることは自分の健康を回復することだった。

シルヴィア　どんなふうに私たちそれをしたのかしら？（傍点の強調は筆者）　私たちどこで飛び込むジャンプ台を作ったんだったかしら？

テレサ　私はすべてを失った感じだったし、しかも無一文で。それ以上なくすものは何もなかった。このセラピー（メタフォリカル・セラピー）が、信頼できる場を与えてくれた。対話を始める場というか。何も隠さないということがありえて、そして問題解消に向かってやっているっていう感覚があったと思う。

こういう会話の流れを切りとって、その微妙なニュアンス、含蓄、その瞬間の状況などを伝えるのは難しい。なるべくクライエントの声を大きく取り上げ、私の理解が許す限り、クライエントにとっての意味を表現したつもりだ。ここでのクライエントたちの物語は、実際の生きた対話だったものだが——またクライエントや私やその他の人も加わって共有したストーリーの経験だが——それらはすでに過去の記憶であり、紙に書かれた解釈に過ぎない。しかし、私にはどのクライエントの言葉も、通じ合うこと、協力すること、作成すること、などの特徴をもった関係とその過程の大切さを訴える声に聞こえる(Anderson 1992)。

第8章　意味の中に意味をさがして

「もし私のストーリーが役に立つのなら……」(つづき)

スウェーデン人家族の母親の手紙を私は声を出して読んだ。読み終わるとしばらく沈黙がつづいた。私は、この家族のこと、彼らが味わったこと、またこの母親が描いた現実について、慎重にはしたかったが、知りたくなった。ふたりの娘たちの間で一致していたのは、医師もセラピストも直接彼女らと話をすべきだという点だった。私は、「じゃあ、ちょっと教えて。医師たちはあなたたちとも直接話すべきだ、とあなたのお母さんが言うのにあなたたちも賛成なのね。それって、医師たちはあなたたちがそこにいても、あたかもいないかのように話すからだ、って意味なの?」と質問した。

「そういうことなの。でも彼らはそんなふうに私たちが感じているとは思っていないみたいだけど」と妹が静かに答えた。

「でもそれがあなたの感じたことで、大切なことだわ。そしたら、お母さんが言ってたことをあなたも感じていたということ？　つまり自尊心が傷つき尊敬されていないというように？」

娘たちふたりは、医師やセラピストが彼女らを「信用し」、「耳を傾け」、「話す機会を与えて」くれなかったと言った。そして姉妹ふたりともが、「操作的」であるというふうに、医師たちはとったらしい。私は不思議に思ったので、「どうして彼らはあなたたちに喋るチャンスを与えなかったのかしら？　ふたりが操作的に表面をごまかしていて、本当は良くはなりたくないと思っていると、そう疑ったのかしら？　ふたりが病気のままでいたいと思ったのかしら？」と言ってみた。

ふたりは、「両親に圧力をかけて私たちを無理に治させよう」とする医師たちについて、彼らはそれでも助けたいと思う気持ちはもっているし、善意でやっていると言う。そこで私は家族の誰かが医師かセラピストに意見を言うということはあったのか、と訊いてみた。

「ええ、言いました」とふたりは一斉に返した。

「で、どうだったの？」と私。

医師やセラピストはそれでも自分たちの言うことが正しいと言っていた、と姉が静かな口調で答えた。

「彼らのしていることは、他の女の子たちや若い女性たちの役に立っているの？　もしあなたたちがもっと彼らに協力すれば、治ると彼らは思っているの？」と私が問いかけると。

「そうだと思う」と姉が答えた。

私は何人かの人と一度に会って話す時、話している人以外の人の表情も常に眺めるようにしている。

それらの人ともつながっている感覚がもて、誰かが何か言い出しそうなタイミングを見計らうことができる。ひとり一人の存在に目をとめ、その人たちの会話への貢献を認めていることを伝えることは、大切だ。父親が娘たちの言ったことについて何か思いをはせている様子だったので、彼が何を考えているのかと思って尋ねてみた。

「いかがですか、おとうさん？　何かこれについてあれば、それか他のことでも？」

「彼らが言うには、われわれは非協力的な家族だそうですが、ま、それが当たっていないこともないと思って」

「じゃあ、いろいろある中で……そうでないこともしてきたのに、という思いですか？　概して家族はみなさん批判的な方ですか？　それとも？」

「初めのうちは、医師の言っていることはすべて正しいと思いますよ。でも、彼らは推測でものを言っている。その当てが外れないうちはいいんです」

「そしたら、やってもらったことが役に立たないとわかった時、批判的になるということですか？」

母親がそこに加わり、「医師の言っていることにははじめ賛成だったし、それが正しいと思いました。しかし娘たちをサポートするというのですが、彼らが言っているのは、強制的に食べさせる、という意味なのです。娘たちが反発するのは当然なことです」

私はこの家族が経験した医師やセラピストたちのことをもう少し知ることができた。娘たちが経験した幾多の治療プログラムや個人および家族療法についても知った。姉妹の間の緊張関係についてももっと知らされた。ひとりの摂食障害が悪くなった時、もうひとりを放ったらかしにするわけではないが、両親は悪くなった方の娘により多く付き添ったこと。病状が改善することはたびたびあったものの、それは長続きしないこともわかった。それから妹の方は、民間のクリニックでの八カ月の治療プログラムを終えて、現在家に帰って四カ月だということも知った。

姉と妹はその後も、屈辱的に感じたこと、敬意を払ってもらえなかったことについて話した。医師たちは、彼女らにも両親にも耳を傾けなかったものの、助けになろうとしていたことは、ふたりとも感じたという。そこで私は、「もし誰かが聴いてくれると仮定したら、その人に何て言いたい？　その人が知らなきゃいけないことは？　欠いてはいけないものは何？」と質問を投げかけた。

ふたりは、無理やり食べさせられたこと、医師たちが彼女らを操作的だと信じ込んでいたこと、でも実際ふたりには励ましが必要だったことなどをさらに語った。最初の頃は「自分の体に何が起こっているのか分らなかった」と長女は言い、今はそれなりに理解しているが、心理的な問題は未だに抱えていると述べた。父親は、次女を「評判がいい」私立の病院に連れて行ったが、そこに行ってみても「やはり誰も自分たちと話をしようとしなかった」と述べた。身体的な治療はしても、問題の心理的側面が置き去りにされているという辺りで、この時の会話はさまよっていた。そこで私はこう尋ねた、「同じような問題を抱えた女の子たちと話したことある？　その子たちはここのやり方で助けになったの？　その子たちはどこが違っていたのかしら？　同じように強制的に食べさせられたの？」。ふたりは、「あえて助けを求めた人」はより援助をしてもらったのは確かだと答えた。

家族と話している間、私は面接に参加したふたりのセラピスト――グスタフとカースティン――も自分の視野の周辺にとどめ、時々視線を合わせるようにした。それは、ふたりの存在を自分も感じ、彼らもまた会話に参加している感覚がもてるようにという考えからだった。両者は真剣に話に聞き入っていた。私が彼らに向かって何を考えていたのかともちかけると、ふたりはやや驚いたという表情を見せた。ちょっと間をおいて、グスタフが言った、「（セラピストとして）必要な援助を必要な時に提供することがいかに重要か、と同時にこのケースのような場合、助けになることがいかに難しいかを感じたんです」。カースティンはためらいがちに、かつぎこちない表現で、「あの手紙が、ずしーんときた。聴いてもらえないというあの感覚。耐えがたい感じがして。やりすぎたり、遅すぎたり、（助けをさし出すのに）丁度いいというのが決してなくて」と言葉にした。

私がみなに、「これらの奮闘と失望の連続にも関わらず、私に会いに来てくれたことに驚いている」と言うと、母親は私の驚いたことに反応して、「いくらかでも他の人が（この病気について）考える助けになればいいと思って……この病気にはこれという一つの治療法はないのですから」と答えた。彼女は、専門家には「もっと謙虚になること……やっている治療がうまくいかなかったら、他の方法も試してみること……そして人の話を聴くこと」などを再度アドバイスとして挙げた。

私は、母親が少し前に述べたこと、つまり妹の方は最近まで入院していたクリニックで快方に向かったが、それをまた専門家たちにだめにされてしまうのではないかという心配、に話を戻した。そして「改善された部分をなくさないよう、何をしてるの？　状態は一進一退という感じらしいけど、いい状態をつづけるのにどうやっているの？　何か例を出して教えてくれますか？」と促した。

話が進むに連れ、姉の声も妹の声も次第に聞き取りやすくなった。話し方がおしゃべり調でなくなり、自分たちの体験や意見を率直に交換するようになった。ふたりにとって一番助けになったことは、両親が彼女たちと以前よりもっと多く話をするようになったことらしい。そして、「親として話すと同時に、友だちとして」という言葉を妹が添えた。

回復の期待を妹の方がもっている気がして、私がそのことを尋ねると、彼女もそうだと認めた。「両親にこれまでのこと以外で何かしてほしいと思うことがある？　それか何か今のことでもこれ以上にしてほしいこととか？」そして、姉にこう質問した、「今なにが必要、どうなることが？」

彼女は家に帰りたいと言い、それが無理なら、少なくとも病院からもっと頻繁に外出し、同じ年頃の女の子がすることを自分もしてみたいと語った。今日は実に久しぶりに「こういう形で」外出できたという。この日長女と母親は午後一緒にすごし、街に出たりマクドナルドに行ったりした。

話題は再び長女が言っていた操作性の問題に戻った。私は「難しい質問だけどいいかな。医師やセラピストが、あなたのこと、ただ操作しようとしているだけだと言う時、あなたは彼らに何て言いたい？」、それと「あなたのこと、彼らに信じてもらうには、どうしたらよいと思っている？」と質問した。彼女は、それがいかに困難で、気がめいることかを話し、そのジレンマをこう説明した。医師たちは、一方では、病院から外出するためには彼女は「もっと回復しなければいけない」と言い、もう一方では、彼女に改善が見られると、それは見せかけ、つまり操作というふうに見て、外出許可は出せない、と言う。

私も同感だった。「まさにジレンマね、あなたが良くなった分、それはごまかしだと言われるとすると」

医師たちが長女に「回復しなければいけない」と言うが、その時彼らは何を指して言っているのか、またその際の回復の基準はなにかということを、長女と私たちは話し合った。彼女は身体的な側面に重点が置かれていることに再び触れ、心理的なものではなく、身体的に表れたものだけで測っていると言う。「もし体重が十ポンド増えたら、私が抑うつ状態でも家に帰れるのよ」と長女。

この会話にひと区切りつけて、私は父親に何を考えていたのか尋ねると、彼は、「最初は彼らは治療法をもっていなかった。でも後の方では一定の治療法があったと思う。しかしそれが何だかは、全くわからなかった」と答えた。

「現在の彼らの治療法または治療計画については知っていますか」と私。

父親は、専門家たちは彼と話をしてくれないと言い、母親が手紙に書いていた十八歳の不思議な年齢のこと、つまり十八歳の誕生日以降は医師たちが親とは話をしてくれなくなったことと関連づけて話した。

「医師たちは私たちを情報源とは考えていません」と母親が付け足す。

「あなたの両親には（治療に）関わってもらいたくないって言うんです」と長女が加わる。

「その理由を彼らは言ったの？」と私。

「私たちが親を操作すると思って恐れているんだわ」と長女。

母親はこう言う。以前娘がふたりとも家にいた時、彼女らはたしかに操作的だったかもしれない。が、医師たちが「間違っているのは、今はもうそんなふうじゃないからだ」と。

話題は、姉と妹との関係、それと娘たちと両親との関係に移っていった。姉と妹は以前よく喧嘩をしたが、今では母親が週一回妹を病院に連れて来るので、ひとときだがお互い会えるのを大事にしているということだった。私が、「病院で会った時はなにするの?」とふたりに尋ねると、妹が「話をするよ」と答え、姉が「会うのを楽しみにしてる」とつづけた。姉妹同士として話すにはどうしたらいいか、またいい友だち同士に戻るにはどうしたらいいか、今それに取り組んでいるところだという。私たちはこの新しい姉妹関係を育てて行くにはどうすればいいか、話し合った。誰か今までに姉妹ふたりを一緒に面接したことがあるのか、不思議に思ったので私は訊いてみた。しかし「ノー」という返事だったので、私は家族四人に向かって、「それはどうかしら、役に立ちそう?」とさらに反応を促した。

この時の会話は、家族がお互いより多く話せるようになった点に集中していたが、やがて話題は医師やセラピストらに対する不満の方へと自然にまた移った。「医師たちに何をわかってほしい? 彼らがそれをわかるにはこちらはどうしたらいいの? みなさんの気持ちを見抜くことができないとしたら?」。グスタフとカースティンが何を思っているのか知りたかった。何かアイデアがあるだろうか。まだ話を「重苦しく」感じ、「驚き」をもって聞いているのだろうか。彼らに反応を求めると、「もうそんなに重苦しく感じていない、雰囲気が明るくなった」とカースティンが答え、「ぼくも前と違った感じがしてきた、可能性が話されることでね」とグスタフは言った。

私は家族を前にして自分の考えを述べた。「私の頭にあったのは、これら四人の人たちが何年もの間この苦しみと付き合ってきたという事実かしら。心に痛みを多く経験し、失望しては望みをつなぎ、回復に向かってはまた逆戻りする、という経験をして」といい表した。そして、グスタフとカースティンにこう質問した、「お嬢さんたちのためになるいいアイデアや経験的知識を家族からどうやって手に入れ、それをどうやって専門家たちと共有できるかしら？」、そしてオープンな言い方で、「もちろん私のバイアスは、専門家の知識と家族の知識を結合する方向なのだけど……両者のいいところを取ってきて……この状況にぴったりした方法を開発するという方向で」といって意見を述べた。専門家たちもいいアイデアを考えつく可能性があること、それにはタイミングが大切であること、またこちらからあえて言い出さないといけないなどの点については、私も同感だった。私は改善に向かったいくつかの点を要約し、どうしたらそれらを伸ばしていけるかと問いかけた。

時計を見るとだいぶ夜遅くなっていた。私は次の日のワークショップに話を移し、家族がいぜんビデオテープの使用に同意してくれるか再度尋ねた。かまわない、という答えだった。私はグスタフにお願いして、彼は引き受けてくれたので、明日のディスカッションでノートを取ってもらうことにした。参加者から出たアイデアや疑問を書き残しておいて、家族とあとで共有できるようにするためだ。

私は家族に対して、ここへ来て苦労の体験を話してくれ、さらにワークショップの参加者にビデオを提供してくれたことに、幾重にも礼を述べた。家族は長女を病院まで送り届け、それから帰っていった。グスタフとカースティンと私はビデオで面接を見直した。

そのあと彼らと別れて一人になると、私は何日も寝ていないかのような気がした。しかし、それにも関わらずエネルギーがみなぎっていたし、またこの家族の置かれた窮状に対する関心は強いものがあった。ある思いが頭から離れなかった。それは「あの姉妹ともっと話をしてみたいということ。誰も今までにあのふたりを合わせて面接したことがないという不思議さ。そして、家族の物語の第二章はすでに見え始めている感があること」などだ。カースティンとグスタフに、私が彼女たちを明日会場へ呼ぶということをどう思うか、彼らの意見を求めた。当惑した表情を見せたものの、ふたりとも興味をそそられたようだった。送り迎えなど実際問題を考慮して、長女だけを呼ぶことに決めた。両親からは、専門家は彼らと話そうとしないという苛立ちを聞いていたので、まず私たちは両親に電話し、計画について相談することにした。親たちは驚いた様子だったが、私たちからこんなに早く知らせが入ったこともあり、喜んでいるようだった。次の日に会場へ行って話すことについては、娘は正直に答えるだろうということだった。そこで、長女に電話したところ、ためらう様子もなく、来てくれるという返事をもらった。

次の日彼女と私は、カースティンとグスタフも交えて、一緒に昼食を取った。ワークショップの参加者たちは、前日の面接のビデオを部分的だがすでに（午前中）観ていた。この日（午後）会場の参加者はモニター画面の中継で私と長女との面接を観た。参加者の中には、家族の話に唖然とする人、当惑する人、話を疑う人まで、様々だった。しかし、いずれももっと詳しく知りたいという点では同じだった。

挨拶を交わしてみて、長女は前の日よりも落ち着いて見え、声にも力があった。私は、話をしに来てくれたことに深く感謝していると伝え、こうつづけた。「あなたがもっと自分のことを（医師やセラピストに向かって）言いたいと言ってたことが、とても気になっているの。もしそういう機会があるとしたら、本当にどんなことを言いたいと思う？　医師たちに何を聞いてほしい？」

「私の話に耳を傾けてほしいし、言っていることを信用してほしいわ。それと、私がいつもいつも操作しようなんて思ってないことをわかってほしい」

「えーっと、言ってみればあなたがふたりいるみたいで、あなたのある部分はよくなろうとしていて、医師たちはその部分に耳を傾けるべきだし、そこを奨励するべきだということかしら」

「私のことは私が一番わかるんです。自分には何が一番向いているかということも」

「ふたりの自分がいて、ひとりはほんとにまじめで、あなたはそれを知ってほしいし、信じてほしいのね。彼らはあなたの言っていることを聞いていない、そう思う？」

彼女はこのあと、信用されないこと、聴いてもらえないことからくるフラストレーションをさらに語り、看護者を通してでなく、直接医師たちに話ができるようになりたいと言った。私たちは、彼女が話したい相手と話せるようになるためにはどうしたらいいか、頭をひねり、同時にグスタフとカースティンが今後どんな手助けができるかも話し合った。「私はふつうになりたい」。これが彼女がおわりに繰り返した言葉だった。

この話は避けて通れない

帰りの飛行機の中、私はこのスウェーデンでの話は避けて通れないと感じていた。六カ月経った今でも、この家族との出会いとそこで交わされた言葉は鮮明な記憶として蘇えってくる。彼らのストーリーとその英知を他の人とも共有したい気持ちに駆られ、私はその許しを請う手紙を家族に書いた。これは母親が書いてよこした手紙の一部である。

私たちのストーリーが、同じような境遇に苦しむ人たちの役にもし立てば、それは嬉しいことだし光栄でもあります。人にも家族にもそれぞれの歴史があるものの、なぜかどこか似ているところや共通の流れを探すことができるものです……もちろん、私たちの三年に及ぶ煉獄の苦しみを、天国に行ける前にせよ受けたという経験は、短い手紙で簡単に言い表せません。微妙な陰影は途中いくらか消えたかもしれません、が全体として見れば、私たちの娘たちから見た真実のストーリーです。私たち家族は、いつもいつも厳しい試練の中にあったわけでは、もちろんありません。楽しく過ごした時がたくさんありました。そしてお互いをとても身近に感じ一緒になって成長してきました。しかし、たとえ状態がいい方に向かっている時でさえ（良くなることは時々ありましたが）、戦いに勝ち終えたという確信をもつことはできませんでした。回復は、成り行き次第なところがあり、また、とても壊れやすいものでした。その反動がすぐに来たものです……すべて順調に行っているとあなたに伝えることができればよかったのですが、残念ながらそうとも言えません。

母親によると、次女の方の生活は「現在もかなりうまくつづいている」そうで、彼女は学校に戻って成績も良いということだった。

下の娘は、もし親しい友だちができれば、おそらく短期間で元の自分に戻るだろうと思います。ただ、この友だちのことに関しては、私が娘のトラブルを目の当たりにしながら、実質的には何も助けられないのがつらいところです。

長女の方の状況は、次女の場合よりもっと「骨の折れる」ことだった、と母親は言う。

事態は病院でさらに悪くなっていきました。上の娘は、人間の尊厳と価値を無視した同じやり方で、前よりひどいとは言わないまでも、扱われました。五カ月間の入院を通して、治療らしい治療はほとんど皆無で、おおかたひとり放って置かれ、じっとしていられず、それでいて抑うつ的になりました。誰も気づこうとせず、面倒を見ようとしなかったようです。私たちもいろいろ手を尽くして、病院のやり方を変えようと、つまり罰を与えて彼女に残された自由の範囲をさらに狭める方法から、それとは反対に、彼女を元気づけてその健康な部分と協調していく方法に、変更させようとしましたが、私たちの努力は無駄でした……苦しみぬいた末、私たちは逃げ出すことに決めました。そして、すごくほっとしたのは、誰も病院に無理に連れ戻そうとする者がいないとわかった時でした。上の娘は現在家にいて、そのことにとても彼女は満足しています。しかし同時に、今私たちは悪戦苦闘のなか孤立していて、そして当然のことですが、働き詰めだし責任も重いわけです……ともあれ、人は経験から（そして自己保存本能からも）、常に努力しつづけ、決して諦めないことを学ぶのです。私は今でも努力は報われると信じていますが、それでも、もし偏見のない医師やセラピストに出会って理解されることがあったなら、そしてまた娘に対して自信を持たせるような努力がなされたなら、事は随分楽であっただろうと思います。もし私のストーリーがセラピストたちの役に立つのなら、それは私にとって大きな励ましになります。そして、私たちの努力や苦しみが全く無駄ではなかったと思える日がことによると来る、という望みを抱かせてくれます。

この母親の手紙にあるように、家族の人々がお互い「会話のパートナー」となった時、自分たちで長女を治そうとして、家族の責任をあらためて負った。そうすることで、徐々にだが、自分たちの主体性を獲得し、自由と希望を見出した。私は彼らひとり一人の幸運を祈るばかりだ。彼らがいつか報われることを私は信じている。

訳者あとがき

本書は、Harlene Anderson 著“Conversation, Language, and Possibilities: A Postmodern Approach to Therapy”（1997）の抄訳である。会話と言語の可能性に焦点を当て、二十一世紀のサイコセラピーの一つの姿と実践を描いている。対話を通してわれわれはどのように自己の可能性を拓いていくか、これを徹底したポストモダンの視点から見直したのが、この本だといえる。本書の特徴は、技法よりも姿勢、観察よりも参加、分析よりも物語、にその重点があり、その理論的な拠り所を、近年多くの領域で注目されている社会構成主義や解釈学に置くところにある。このため、クライエントとの対話を重視しようとするセラピーにとっては、本書は学派の違いを超えて深い示唆を与えてくれるだろう。現在、ドイツ語、スペイン語、スウェーデン語に翻訳されている。

(1)この本はいろいろな意味で待ち望まれた本だった。冒頭の説明にもあるように、著者のハーレーン・アンダーソンは、彼女の師であったハロルド（ハリー）・グーリシャンとともにこの本を著す予定でいた。一九八八年にファミリー・プロセス誌に載ったふたりの論文、“Human Systems as Linguistic Systems”（参考文献に記載）は、ちょうど文化人類学でクリフォード・ギアツが一九七〇年代の初め「文化の解釈」を書いて分野に衝撃を与えたのに似ている。どちらも実証主義、科学主義に代表される「モダン」の思考から、解釈学、社会構成主義に代表される「ポストモダン」の思考への移行を訴えている。臨床心理学と文化人類学、つまりセラピーを行うのと民族誌を書くのでは、影響の内容は異なるものの、その受けとめ方は根本的であったことは共通している。これら二領域以外の社会科学でも、同じようなことが起こっているが、ポストモダンの「津波」が届くには、分野によって時間差があるようだ。家族研究、家族療法という分野では、一九八八年のこの二人の論文がその津波の第一波であったと考えられる。ハリー・グーリシャンは惜しくも一九九一年に亡くなったので、共同の著作は叶わなかったものの、アンダーソンはグーリシャンのもつスピリットのなかでこの本を書いたと言っているように、ハロルド・グーリシャンの存在は非常に大きいものがあるだろう。

日本においてアンダーソンとグーリシャンの著作が紹介されたのは、『ナラティヴ・セラピー――社会構成主義の実践』（ガーゲンとマクナミー編、野口、野村訳、金剛出版、一九九七年）の中に収められている「クライエントこそ専門家である――セラピーにおける無知のアプローチ」が最初であろう。これは、二人の数ある共著論文の中でおそらく最後になったもので、彼（女）らの一つの到達点が、明快な理論と具体的な姿勢でもって論じられている。これをさらに敷衍し、進化したかたちで提示したのが本書である。この本は上のタイトルからも窺がえるように、これまでのサイコセラピーのパラダイムに対する挑戦とも読むことができる。つまり、セラピーにおけるこれまでの専門性と階層性を否定しているからだ。正確に言えば、その専門性の内容が変化していると言った方がよいのだが、セラピストとクライエントの関係がより水平で協調的であることによって、新たな物語の可能性が生まれやすいという立場を取っている。これを既成の科学には馴染まないパラダイムとみるか、それを包含するパラダイムとみるかは、読者次第だろう。

たとえば、著者がセラピーをどう捉えているかは、次の言葉に端的に表されている。「セラピーを人間関係として見れば、家族やクライエントを構成するメンバーは誰で、セラピストとどう関わっているかということと、セラピストとして私たちは誰でその人たちとどう関わっているかということと、同じ問題なのだ。セラピーは私たちの自己物語であって、クライエントが自分を定義し自分のアイデンティティを見つけるように、自分とはいったい誰でどのようなセラピストなのかという問に応えてゆく物語なのだ。人間関係はひとえに自分自身から始まる。これは私たちもクライエントも同様だ。ポストモダンからのセラピーを特徴づけるものは、自己に対する新しい定義と姿勢にある」（本書三四頁）。

この本の中には、多くの耳馴れないキーワードが出てくる。例を挙げれば、〝コラボレイティヴ〟、〝会話のパートナー〟、〝哲学的スタンス〟、あるいは、〝無知の姿勢〟などだ。ひとつひとつの説明はここでは省くが、これらキーとなる概念は、どれもこの本がテーマとするポストモダンの考えに沿ったセラピーを、異なる角度からさらに立体的に理解するための助けになっている。前述の著者の言葉を実際の場で展開して行く指針の働きをしている。また、この本は構成として、始めと終わりに、二人の摂食障害の娘を持つスウェーデンの母親とその家族のストーリーが出てくる。このスウェーデン人家族が経験したセラピストや医師たちとの何年もの苦い経験が、そのままこの本の中心的議題となり、各章はその母親の痛切な訴えに対する回答というように読み進むこともできる。

(2) ここで翻訳とその具体的な手順について説明しておこう。三人の訳者は、共同作業を始める前から個別にこの原著に親しんできた。野村はアンダーソンとグーリシャンの翻訳（前掲書）に関わった経緯から、青木は実際ヒューストンでアンダーソンに師事したことから、吉川は勉強会を作ってそのメンバーが一章ずつ翻訳して勉強材料としたことから、その機会を与えられた。この本を一度に翻訳するには少し長すぎるという判断から、実践的な部分と特に要となる理論の章を選んで、翻訳の対象とした。原著の半分強の長さである。そこで右の会のメンバーで、メンバーが下訳したものを吉川が手を入れた。（巻末にあげた翻訳協力者はこの会をとおして貢献したメンバーで、今回対象から外れた章を分担した人も一緒にリストに載せてある。）野村と青木はそれらを参考にし、およそ同等の長さを折半して翻訳した。できたものをこの二者間で検討し、さらに大幅に補正した。最後に三者で加筆、訂正をさらに加えた。名古屋、東京、大阪を隔てての共同作業であったので、Eメールでの原稿送付が助けになった。一つこの過程で忘れてならないのが、著者からの協力である。何度もあった翻訳上の問い合わせに、いつも迅速に著者からEメールが届き、その丁寧な説明は大いにわれわれの理解を助けてくれた。作業量の差はあれ、著者も含め、これらの人たち全ての共同作業（コラボレーション）であった。

訳語についてすこし触れておきたい。本の題名は原著を直訳して『会話・言語・そして可能性』とし、副題は著者と相談の上『コラボレイティヴとは？　セラピーとは？』とした。副題を意訳した理由は、「コラボレイティヴ」という言葉で示されるスタンスがこの本の考え方の基軸になっているからだ。また、あえてそれに和語を当てなかったのは、すでに英語のままで使われ始めていることが大きい（例、コラボレイティヴ・コマース）。もう一つの重要な概念が、グーリシャンとともに出された"Not-knowing"だが、これは前掲の『ナラティヴ・セラピー』にならって「無知の姿勢」とした。この訳についてはいろいろ批判や指摘を受けた。「無知の姿勢」を踏襲した一番の理由は、「ノット・ノーイング」で済ますのではなく、なんとかして日本語にしたいという強い希望が訳者にあったからだ。「無知」と「姿勢」をつなげて使うことで、「無学」や「物を知らない」という意味ではなく、知識に対する一種のスタンスの問題としてとれるだろう。「無知の知」がもつ肯定的な意味がこれにもある。この翻訳に関して、これに変わるよい代案も含め、意見が交換され豊かな意味が見つかっていけばさらに嬉しい。

これに関連してだが、『良寛詩集』（岩波文庫）の中に次のような五言の詩があるので、余分なことかもしれないが、ここでの参考に付しておこう。

花無心招蝶　　花、心無くして蝶を招き

蝶無心尋花　　蝶、心無くして花を尋ぬ。
花開時蝶来　　花開く時、蝶来たり
蝶来時花開　　蝶来たる時、花開く。
吾亦不知人　　吾《われ》もまた人を知らず
人亦不知吾　　人もまた吾を知らず。
不知従帝則　　知らず帝《テイ》の則に従ふ。

花と蝶、吾と人、いずれも「知らず帝の則」、つまり自然の道に従っているという。「無心」や「不知」は「心ない」「知らない」というよりもわれわれの知の及ばない法則に依って成り立っているという。「無知の姿勢」とすれすれのところにあり、全く同じではないが一脈通じるものが見え隠れし、東洋の視点が浮かび上がっている。

(3) 最後にハーレーン・アンダーソンその人について話しておこう。ハーレーン・アンダーソン（以下ハーレーン）はテキサス州ヒューストンの出身で、二人娘の長女で実業家の家に育った。ヒューストン大学大学院で心理学を専攻し、後にシンシナティのユニオン・インスティテュートから博士号を取得した。ハリー・グーリシャンとの出会いが、彼女の人生を大きく変えたことは冒頭にあるとおりだ。二〇〇〇年には、アメリカ夫婦療法・家族療法学会が、彼女のこの分野での貢献に賞を与えた。二〇〇一年六月、日本ブリーフサイコセラピー学会の招きで初来日し、京都で講演とワークショップが行われた。ハーレーンは小柄で華奢な体つきで、話し方も控えめといった印象をもつ女性である。訳者のうち野村と吉川はそのワークショップの場にいたが、会話というものを信じきっているハーレーンの姿が印象的であった。会話そのものが人格のように主体性をもっていて、セラピストとしてそれに絶対的な信頼をおいている。その主体性は、セラピストがもつ学問的専門性を、消せば消すほど、はっきり姿を現す、ちょうど夜空の星のようだ。おそらくこのことをハーレーンはグーリシャンからじかに見て学んだのではないか。それは大きなインパクトであったに違いない。

このようなハーレーンのセラピーに対する姿勢は、彼女の以下の言葉に端的に表れているだろう。「ポストモダンとされるコラボレイティヴなセラピーは、いわゆる理論ではない。臨床家は往々にして、臨床用と私生活用との二つの理論を使い分けるが（臨床と人生は別枠で考えるが）、私は両者の間に区分けはなく一体のものと考える。それを私は『哲学的スタンス』と呼ぶ。それは『あり方』や『生き方』に重点があり、理論から導かれた考え方や行為ということではない……哲学的スタンスとは、姿勢のことであり、他者に対するポジションの取り方であり、技術やテクニックを使うことを意味しない」（ハーレーン・アンダーソン、私信、二〇〇一年）。グーリシャンの声も重なって聞こえてくるようだ。

あとがきを終わるにあたり、翻訳の過程でお世話になった諸々の方にお礼を述べておきたい。ハーレーンの留守中、ヒューストンのインスティテュート（ＨＧＩ）を訪れた野村に、ハリー・グーリシャンのビデオをどうぞご自由にと研究所の一室を提供してくれた所長のスー・レヴィンに感謝している。ハーレーンの二〇〇一年京都でのワークショップで通訳を務めた菊池安希子さんと大澤智子さんからは、翻訳上の貴重な示唆を戴いた。そして、いつまでもスピードアップしない翻訳作業を最後まで辛抱強く見守り、的確に助言をくれた金剛出版の山内俊介さんに謝意を表したい。翻訳協力者として原文と格闘したメンバーたちに、そのほかにも名前を挙げなかったが助けをくれた方々にも、心からお礼を述べておきたい。

二〇〇一年一〇月

訳者

文　献

Agatti, A. P. R. (1993). III. The identity of theoretical psychology. *Theory and Psychology, 3,* 389–393.

Andersen, T. (1987). The reflecting team: Dialogue and meta-dialogue in clinical work. *Family Process, 26,* 415–428.

Andersen, T. (1990). *The reflecting team: Dialogues and dialogues about dialogues.* Broadstairs, Kent, UK: Borgmann.

Andersen, T. (1991, May). *Relationship, language, and pre-understanding in the reflecting process.* Paper presented at the Houston Galveston Narrative and Psychotherapy Conference, New Directions in Psychotherapy, Houston, TX.

Andersen, T. (1995a). Clients and therapists as co-researchers: Enhancing the sensitivity. *Fokus Familie, 1.*

Andersen, T. (1995b). Reflecting processes; acts of informing and forming: You can borrow my eyes, but you must not take them away from me! In S. Friedman (Ed.), *The reflecting team in action: Collaborative practice in family therapy* (pp. 11–37). New York: Guilford.

Andersen, T. (1996). Research on the therapeutic practice: What might such research be—viewpoints for debate. *Fokus Familie, 1,* 3–15.

Anderson, H. (1986). *Therapeutic impasses: A break-down in conversation.* Adapted from paper presented at Grand Rounds, Department of Psychiatry, Massachusetts General Hospital, Boston, MA, April 1986, and at the Society for Family Therapy Research, Boston, MA, October 1986.

Anderson, H. (1990). Then and now: From knowing to not-knowing. *Contemporary Family Therapy Journal, 12,* 193–198.

Anderson, H. (1991a). Opening the door for change through continuing conversations. In T. Todd & M. Selekman (Eds.), *Family therapy approaches with adolescent substance abusers* (pp. 176–189). Needham, MA: Allyn & Bacon.

Anderson, H. (1991b, October). *"Not-knowing": An essential element of ther-*

apeutic conversation. Paper presented at the American Association of Marriage and Family Therapy Annual Conference Plenary, Creating a Language of Change, Dallas, TX.

Anderson, H. (1992). *C* therapy and the *F* word. *American Family Therapy Association Newsletter, 50* (winter), 19–22.

Anderson, H. (1993). On a roller coaster: A collaborative language systems approach to therapy. In S. Friedman (Ed.), *The new language of change: Constructive collaboration in therapy* (pp. 323–344). New York: Guilford.

Anderson, H. (1994). Rethinking family therapy: A delicate balance. *Journal of Marital and Family Therapy, 20,* 145–150.

Anderson, H. (1995). Collaborative language systems: Toward a postmodern therapy. In R. Mikesell, D. D. Lusterman, & S. McDaniel (Eds.), *Integrating family therapy: Family psychology and systems theory* (pp. 27–44). Washington, DC: American Psychological Association.

Anderson, H. (1996a). Collaboration in therapy: Combining the client's expertise on themselves and the therapist's expertise on a process. In T. Keller & N. Greve (Eds.), *Social psychiatry and systems thinking: Cooperation in psychiatry.* Bonn: Psychiatrie Verlag.

Anderson, H. (1996b). A reflection on client–professional collaboration. *Families, Systems & Health, 14,* 193–206.

Anderson, H., & Burney, J. P. (in press). Collaborative inquiry: A postmodern approach to organizational consultation. *Human Systems: The Journal of Systemic Consultation and Management.*

Anderson, H., & Goolishian, H. (1986). Systems consultation to agencies dealing with domestic violence. In L. Wynne, S. McDaniel, & T. Weber (Eds.), *The family therapist as systems consultant* (pp. 284–299). New York: Guilford.

Anderson, H., & Goolishian, H. (1988a). *Changing thoughts on self, agency, questions, narrative and therapy.* Unpublished manuscript.

Anderson, H., & Goolishian, H. (1988b). Human systems as linguistic systems: Evolving ideas about the implications for theory and practice. *Family Process, 27,* 371–393.

Anderson, H., & Goolishian, H. (1989). Conversation at Sulitjelma: A description and reflection. *American Family Therapy Association Newsletter.*

Anderson, H., & Goolishian, H. (1990a). Beyond cybernetics: Some comments on Atkinson and Heath's "Further thoughts on second order family therapy." *Family Process, 29,* 157–163.

Anderson, H., & Goolishian, H. (1990b). Chronic pain: The family's role in the treatment program. *Houston Medicine, 6,* 1–6.

Anderson, H., & Goolishian, H. (1990c). Supervision as collaborative conversation: Questions and reflections. In H. Brandau (Ed.), *Von der supervision zur systemischen vision.* Salzburg: Otto Muller Verlag.

Anderson, H., & Goolishian, H. (1991a). Revisiting history. *Australian–New Zealand Journal of Family Therapy, 12,* iii.

Anderson, H., & Goolishian, H. (1991b). Thinking about multi-agency work with substance abusers and their families. *Journal of Strategic and*

Anderson, H., & Goolishian, H. (1992). The client is the expert: A not-knowing approach to therapy. In S. McNamee & K. Gergen (Eds.), *Social construction and the therapeutic process* (pp. 25–39). Newbury Park, CA: Sage.

Anderson, H., Goolishian, H., Pulliam, G., & Winderman, L. (1986). The Galveston Family Institute: A personal and historical perspective. In D. Efron (Ed.), *Journeys: Expansions of the strategic–systemic therapies* (pp. 97–124). New York: Brunner/Mazel.

Anderson, H., Goolishian, H., & Winderman, L. (1986a). Beyond family therapy. *Journal of Strategic and Systemic Therapies, 5*(4), i–iii.

Anderson, H., Goolishian, H., & Winderman, L. (1986b). Problem determined systems: Towards transformation in family therapy. *Journal of Strategic and Systemic Therapies, 5,* 1–13.

Anderson, H., & Rambo, A. (1988). An experiment in systemic family therapy training: A trainer and trainee perspective. *Journal of Strategic and Systemic Therapies, 7,* 54–70.

Anderson, H., & Swim, S. (1993). Learning as collaborative conversation: Combining the student's and the teacher's expertise. *Human Systems: The Journal of Systemic Consultation and Management, 4,* 145–160.

Anderson, H., & Swim, S. (1995). Supervision as collaborative conversation: Combining the supervisor and the supervisee voices. *Journal of Strategic and Systemic Therapies, 14,* 1–13.

Anderson, W. J. (1989). Family therapy in the client-centered tradition: A legacy in the narrative mode. *Person-Centered Review, 4,* 295–307.

Anscombe, R. (1989). The myth of the true self. *Psychiatry, 52,* 209–217.

Atkinson, B. J., & Heath, A. W. (1990). The limits of explanation and evaluation. *Family Process, 29,* 145–155.

Auerswald, E. H. (1968). Interdisciplinary versus ecological approach. *Family Process, 7,* 202–215.

Auerswald, E. H. (1971). Families, change, and the ecological perspective. *Family Process, 10,* 263–280.

Auerswald, E. H. (1985). Thinking about thinking in family therapy. *Family Process, 224,* 1–12.

Auerswald, E. H. (1986). Epistemological confusion in family therapy. *Journal of Marital and Family Therapy, 26,* 317–330.

Ault-Riche, M. (Ed.). (1986). *Women and family therapy.* Rockville, MD: Aspen Systems.

Baker, W. J., Mos, L. P., Rappard, H. V., & Stam, H. J. (Eds.). (1988). *Recent*

trends in theoretical psychology. New York: Springer-Verlag.

Bakhtin, M. (1981). *The dialogic imagination* (M. Holquist, Ed., and C. Emerson & M. Holquist, Trans.). Austin: University of Texas Press.

Bakhtin, M. (1986). *Speech genres and other late essays* (W. McGee, Trans.). Austin: University of Texas Press.

Bakhtin, M. (1990). *Art and answerability: Early philosophical essays* (M. Holquist & V. Liapunov, Eds., and V. Liapunov, Trans.). Austin: University of Texas Press.

Bateson, G. (1972). *Steps to an ecology of mind*. New York: Ballantine Books.

Bateson, G., Jackson, D. D., Haley, J., & Weakland, J. H. (1956). Toward a theory of schizophrenia. *Behavioral Science, 1*, 251–264.

Bateson, G., Jackson, D. D., Haley, J., & Weakland, J. H. (1963). A note on the double-bind—1962. *Family Process, 2*, 154–161.

Bateson, M. C. (1994). *Peripheral visions: Learning along the way*. New York: HarperCollins.

Becker, A.L. (1984). The linguistics of particularity: Interpreting superordination in a Javanese text (pp. 425–436). Proceedings of the Tenth Annual Meeting of the Berkeley Linguistic Society, Berkeley, CA, Linguistics Department, University of California, Berkeley.

Becker, C., Chasin, L., Chasin, R., Herzig, M., & Roth, S. (1995). From stuck debate to new conversation on controversial issues: A report from the Public Conversations Project. In K. Weingarten (Ed.), *Cultural resistance: Challenging beliefs about men, women, and therapy* (pp. 143–164). New York: Harrington Press.

Beckman, H. B., & Frankel, R. M. (1984). The effects of physician behavior on the collection of data. *Annals of Internal Medicine, 101*, 692–696.

Belenky, M. F., Clinchy, B. M., Goldberger, N. R., & Taruel, J. M. (1986). *Women's ways of knowing*. New York: Basic Books.

Benveniste, E. (1971). *Problems in general linguistics*. (M. Meck, Trans.). Coral Gables, FL: University of Miami Press.

Berger, P. L., & Luckmann, T. (1966). *The social construction of reality: A treatise in the sociology of knowledge*. New York: Doubleday/Anchor Books.

Blackman, L. M. (1994). What is doing history? The use of history to understand the constitution of contemporary psychological objects. *Theory and Psychology, 4*, 485–504.

Bograd, M. (1984). Family systems approaches to wife battering: A feminist critique. *American Journal of Orthopsychiatry, 54*, 558–568.

Braten, S. (1984). The third position: Beyond artificial and autopoietic reduction. *Kybernetes, 13*, 157–163.

Braten, S. (1987). Paradigms of autonomy: Dialogical or monological? In G. Teubner (Ed.), *Autopoietic law: A new approach to law and society*. Berlin: De Gruyter.

Braten, S. (1988). Between dialogic mind and monologic reason: Postulating the virtual other. In M. Campanella (Ed.), *Between rationality and cognition* (pp. 1–31). Turin: Albert Meynier.

Braten, S. (1993). *Law as an autopoietic system*. Oxford: Blackwell.
Briggs, J. P., & Peat, J. P. (1984). *Looking glass universe*. New York: Cornerstone Library, Simon & Schuster.
Brody, H. (1987). *Stories of sickness*. New Haven, CT: Yale University Press.
Bruner, J. (1986). *Actual minds, possible worlds*. Cambridge, MA: Harvard University Press.
Bruner, J. (1990). *Acts of meaning*. Cambridge, MA: Harvard University Press.
Buxton, C. E. (1985). *Points of view in the modern history of psychology*. London: Academic Press.
Carpenter, J. (1992). What's the use of family therapy? Australian Family Therapy Conference plenary address. *Australian and New Zealand Journal of Family Therapy, 13*, 26–32.
Cecchin, G. (1987). Hypothesizing, circularity, and neutrality revisited: An invitation to curiosity. *Family Process, 26*, 405–414.
Chance, S. (1987, January). Goodbye again. *The Psychiatric Times/Medicine and Behavior,* 11 and 21.
Charon, R. (1993). Medical interpretation: Implications of literary theory of narrative for clinical work. *Journal of Narrative and Life History, 3*, 79–98.
Chessick, R. (1990). Hermeneutics for psychotherapists. *American Journal of Psychotherapy, 44*, 256–273.
Chubb, H. (1990). Looking at systems as process. *Family Process, 29*, 169–175.
Code, L. (1988). Experiences, knowledge and responsibility. In M. Griffiths & M. Whitford (Eds.), *Feminist perspectives in philosophy* (pp. 187–204). Bloomington: Indiana University Press.
Coddou, F., Maturana, H., & Mendez, C. L. (1988). The bringing forth of pathology: Radical constructivism, autopoiesis and psychotherapy. *The Irish Journal of Psychology, Special Issue, 9(1).*
Colapinto, J. (1985). Maturana and the ideology of conformity. *The Family Therapy Networker, 9*, 29–30.
Coles, R. (1989). *The call of stories: Teaching and the moral imagination*. Boston: Houghton Mifflin.
Conroy, P. (1987). *The prince of tides*. Toronto: Bantam Books.
Copeland, W. D., Birmingham, C., De La Cruz, E., & Lewin, B. (1993). The reflective practitioner in teaching: Toward a research agenda. *Teaching and Teacher Education, 9*, 347–359.
Crews, F. C. (1995). *The memory wars: Freud's legacy in dispute*. New York: New York Review of Books.
Danziger, K. (1988). On theory and method in psychology. In W. J. Baker, L. P. Mos, H. V. Rappard, & H. J. Stan (Eds.), *Recent trends in theoretical psychology* (pp. 87–94). New York: Springer-Verlag.
Danziger, K. (1994). Does the history of psychology have a future? *Theory*

and Psychology, 4, 467–484.

Davis, P. C. (1992). Law and lawyering: Legal studies with an interactive focus. *New York Law School Law Review, 37,* 185–207.

Dell, P. F. (1980a). The Hopi family therapist and the Aristotelian parents. *Journal of Marital and Family Therapy, 6,* 123–130.

Dell, P. F. (1980b). Researching the family theories of schizophrenia: An exercise in epistemological confusion. *Family Process, 19,* 321–335.

Dell, P. F. (1982). Beyond homeostatis: Toward a concept of coherence. *Family Process, 21,* 21–42.

Dell, P. (1985). Understanding Bateson and Maturana: Toward a biological foundation for the social sciences. *Journal of Marital and Family Therapy, 11,* 1–20.

Dell, P., & Goolishian, H. (1979). *Order through fluctuation: An evolutionary epistemology for human systems.* Paper presented at the Annual Scientific Meetings of the A. K. Rice Institute, Houston, TX.

Dell, P., & Goolishian, H. (1981). Order through fluctuation: An evolutionary epistemology for human systems. *Australian Journal of Family Therapy, 21,* 75–184.

Denzin, N. K. (1989). *Interpretive biography.* Newbury Park, CA: Sage.

Derrida, J. (1978). *Writing and difference* (A. Bass, Trans.). Chicago: University of Chicago Press.

de Shazer, S. (1985). *Keys to solution in brief therapy.* New York: Norton.

de Shazer, S. (1991a). Here we go again: Maps, territories, interpretations, and the distinction between "the" and "a" or "an." *Journal of Marital and Family Therapy, 17,* 193–195.

de Shazer, S. (1991b). Muddles, bewilderment, and practice theory. *Family Process, 30,* 453–458.

Dilthey, W. (1984). *Selected writings.* H. P. Rickman (Ed. and Trans.). Cambridge: Cambridge University Press. (Originally published in 1914)

Doherty, W. J., & Boss, P. G. (1991). Values and ethics in family therapy. In A. S. Gurman & D. P. Knistern (Eds.), *Handbook of Family Therapy* (pp. 606–637). New York: Brunner/Mazel.

Drucker, P. F. (1994, November). The age of social transformation. *The Atlantic Monthly,* 53–80.

Dunn, J. (1988). *The beginnings of social understanding.* Cambridge, MA: Harvard University Press.

Eco, U. (1984). *The name of the rose.* New York: Harcourt Brace.

Elkaim, M. (1980). A propos de thermodynamique des processus irreversibles et de therapie familiale. *Cahiers critiques de Therapie Familiale et de Pratiques de Reseaux, 3,* 6.

Elkaim, M. (1981). Non-equilibrium, chance, and change in family therapy. In Models of Therapeutic Intervention with Families: A Representative World View. *International Issue Journal of Marital and Family Ther-*

apy, 7, 291–297.

Erickson, G. D. (1988). Against the grain: Decentering family therapy. *Journal of Marital and Family Therapy, 14,* 225–236.

Eron, J. B., & Lund, T. W. (1993). How problems evolve and dissolve: Integrating narrative and strategic concepts. *Family Process, 32,* 291–309.

Evans, S. (Producer) and Hyther, N. (Director). (1995). *The madness of King George* (film). (Available from Hallmark Home Entertainment)

Faulconer, J. E., & Williams, R. N. (Eds.). (1990). *Reconsidering psychology: Perspectives from continental philosophy.* Pittsburgh: Duquesne University Press.

Feldman, S. P. (1990). Stories as cultural creativity: On the relation between symbolism and politics in organizational change. *Human Relations, 43,* 809–828.

Fish, V. (1993). Poststructuralism in family therapy: Interrogating the narrative/conversational mode. *Journal of Marital and Family Therapy, 19,* 221–232.

Flaskas, C. (1990). Power and knowledge: The case of the new epistemology. *Australian and New Zealand Journal of Family Therapy, 11,* 207–214.

Flax, J. (1990). *Thinking fragments: Psychoanalysis, feminism, and postmoderism in the contemporary West.* Berkeley: University of California Press.

Foucault, M. (1972). *The archeology of knowledge.* New York: Harper Colophon.

Foucault, M. (1980). *Power/knowledge.* New York: Pantheon.

Fowers, B. J. (1993). Psychology as public philosophy: An illustration with the moral and cultural dilemmas of marriage and marital research. *Journal of Theoretical and Philosophical Psychology, 13,* 124–136.

Fowers, B. J., & Richardson, F. C. (1996). Individualism, family ideology and family therapy. *Theory and Psychology, 6,* 121–151.

Fraser, N., & Nicholson, L. J. (1990). Social criticism without philosophy: An encounter between feminism and postmodernism. In L. J. Nicholson (Ed.), *Feminism/postmodernism* (pp. 19–38). New York: Routledge.

Freedman, J., & Combs, G. (1996). *Narrative therapy: The social construction of preferred realities.* New York: W. W. Norton.

Freeman, M. (1993). *Rewriting the self: History, memory, narrative.* London: Routledge.

Freeman, M. (1995). Groping in the light. *Theory and Psychology, 5,* 353–360.

Freud, S. (1964). Constructions in analysis. In J. Strachey (Ed. and Trans.), *The standard edition of the complete psychological works of Sigmund Freud* (Vol. 23, pp. 255–269). London: Hogarth Press. (Original work published in 1937)

Friedman, S. (1993). *The new language of change: Constructive collaboration in psychotherapy.* New York: Guilford.

Friedman, S. (1995). *The reflecting team in action: Collaborative practice in family therapy.* New York: Guilford.

Fried Schnitman, D. F. (1989). Paradigma y crisis familiar. *Psicoterapia y Familia, 2*(2), 16–24.
Fried Schnitman, D. F. (1994). *Nuevos paradigmas, cultura y subjetividad.* Buenos Aires: Paidos.
Fulford, K. W. M. (1989). *Moral theory and medical practice.* Cambridge: Cambridge University Press.
Gadamer, H.-G. (1975). *Truth and method* (G. Burden & J. Cumming, Trans.). New York: Seabury Press.
Gadamer, H.-G. (1988). *Truth and method* (J. Weinsheimer & D. G. Marshall, Trans.). 2d rev. ed. New York: Crossroad.
Garfinkel, H. (1967). *Studies in ethnomethodology.* New York: Prentice-Hall.
Gauron, E. F., & Dickinson, J. K. (1969). The influence of seeing the patient first on diagnostic decision making in psychiatry. *American Journal of Psychiatry, 126,* 199–205.
Geertz, C. (1973). *The interpretation of cultures.* New York: Basic Books.
Geertz, C. (1983). *Local knowledge.* New York: Basic Books.
Gergen, K. J. (1973). Social psychology as history. *Journal of Personality and Social Psychology, 26,* 309–320.
Gergen, K. J. (1977). The social construction of self-knowledge. In T. Mischel (Ed.), *The self: Psychological and philosophical issues.* Oxford: Blackwell.
Gergen, K. J. (1982). *Toward transformation in social knowledge.* New York: Springer-Verlag.
Gergen K. J. (1985). The social constructionist movement in modern psychology. *American Psychologist, 40,* 255–275.
Gergen, K. J. (1987). Towards self as a relationship. In T. Honess & K. Yardley (Eds.), *Self and identity: Psychosocial processes.* London: Wiley.
Gergen, K. J. (1988a). If persons are texts. In S. B. Messer, L. A. Sass, & R. L. Woolfolk (Eds.), *Hermeneutics and psychological theory* (pp. 28–51). New Brunswick, NJ: Rutgers University Press.
Gergen, K. J. (1988b). The pragmatics of human nature: Commentary on Joel Kovel. In S. B. Messer, L. A. Sass, & R. L. Woolfolk (Eds.), *Hermeneutics and psychological theory* (pp. 400–405). New Brunswick, NJ: Rutgers University Press.
Gergen, K. J. (1988c, August). *Understanding as a literary achievement.* Presidential address to Psychology and the Arts, Annual Meetings of the American Psychological Association, Atlanta, GA.
Gergen, K. J. (1989). Warranting voice and the elaboration of the self. In J. Shotter & K. J. Gergen (Eds.), *Texts of identity* (pp. 70–81). London: Sage.
Gergen, K. J. (1990, June). *Constructionisms.* Seminar presented at the Melbu Conference, Melbu, Vesteralen, Norway.
Gergen, K. J. (1991a, November). *Future directions for psychology: Realism or*

social constructionism. Paper presented at the University of Houston, Houston, TX.

Gergen, K. J. (1991b). *The saturated self*. New York: Basic Books.

Gergen, K. J. (1994). *Realities and relationships: Soundings in social construction*. Cambridge, MA: Harvard University Press.

Gergen, K. J. & Gergen, M. M. (1983). Narratives of the self. In T. R. Sarbin & K. E. Scheibe (Eds.), *Studies in social identity* (pp. 254–273). New York: Praeger.

Gergen, K. J. & Gergen, M. M. (1986). Narrative form and the construction of psychological science. In T. R. Sarbin (Ed.), *Narrative psychology: The storied nature of human conduct*. New York: Praeger.

Gergen, K. J. & Gergen, M. M. (1988). Narrative and the self as relationship. In L. Berkowitz (Ed.), *Advances in experimental social psychology* (pp. 17–56). San Diego: Academic Press.

Gergen, K. J., Hoffman, L., & Anderson, H. (1995). Is diagnosis a disaster: A constructionist trialogue. In F. Kaslow (Ed.), *Handbook of relational diagnosis* (pp. 102–118). New York: John Wiley & Sons.

Gergen, K. J. & McNamee, S. 1994, April. *Communication as relational process*. Paper presented at the Relational Practices: Social Construction in Therapy and Organization Development Conference, Taos, NM.

Gergen, K. J. & Semin, G. R. (1990). Everday understanding in science and daily life. In G. R. Semin & K. J. Gergen (Eds.) *Everyday understanding: Social and scientific implications* (pp. 1–18). London: Sage.

Gergen, K. J. & Taylor, M. G. (1969). Social expectancy and self-presentation in a status hierarchy. *Journal of Experimental Social Psychology, 5,* 79–82.

Gergen, M. M. (1988). *Feminist thought and the structure of knowledge*. New York: New York University Press.

Gergen, M. M. (1994). Free will and psychotherapy: complaints of the draughtman's daughters. *Journal of Theoretical and Philosophical Psychology, 14,* 87–95.

Gergen, M. M. (1995). Postmodern, post-Cartesian positionings on the subject of psychology. *Theory and Psychology, 5,* 361–368.

Giddens, A. (1984). Hermeneutics and social theory. In G. Shapiro & A. Sica (Eds.), *Hermeneutics: Questions and prospects* (pp. 215–230). Amherst, MA: University of Massachusetts Press.

Gilligan, C. (1982). *In a different voice*. Cambridge, MA: Harvard University Press.

Giorgi, A. (1990). Phenomenology, psychological science and common sense. In G. R. Semin & K. J. Gergen (Eds.), *Everyday understanding: Social and scientific implications* (pp. 64–82). London: Sage.

Golann, S. (1988). On second-order family therapy. *Family Process, 27,*

51–72.
Goldner, V. (1985). Feminism and family therapy. *Family Process, 24,* 31–47.
Goldner, V. (1988). Generation and gender: Normative and covert hierarchies. *Family Process, 27,* 17–33.
Goodman, N. (1978). *Ways of worldmaking*. New York: Hackett Publishing.
Goolishian, H. (1985, August). *Beyond family therapy: Some implications from systems theory*. Paper presented at the Annual Meeting of the American Psychological Association, Division 43, San Francisco, CA.
Goolishian, H. (1989). *The self: Some thoughts from a postmodern perspective on the intersubjectivity of mind*. Unpublished manuscript.
Goolishian, H., & Anderson, H. (1987a). Language systems and therapy: An evolving idea. *Psychotherapy, 24(3S),* 529–538.
Goolishian, H., & Anderson, H. (1987b). De la thérapie familiale à la thérapie systémique et au-delà. In F. Ladame, P. Gutton, & M. Kalogerakis (Eds.), *Psychoses et adolescence: Annales internationales de psychiatrie de l'adolescence* (pp. 160–173). Paris: Masson.
Goolishian, H., & Anderson, H. (1988). Menschliche systeme: Vor welche probleme sie uns stellen und wie wir mit ihnen arbeiten. In L. Reiter, J. Brunner, & S. Reither-Theil (Eds.), *Von der familientherapie zur systemischen therapie* (pp. 189–216). Heidelberg: Springer-Verlag.
Goolishian, H., & Anderson, H. (1990). Understanding the therapeutic process: From individuals and families to systems in language. In F. Laslow (Ed.), *Voices in family psychology* (pp. 91–113). Newbury Park: Sage.
Goolishian, H., & Anderson, H. (1992). Strategy and intervention versus nonintervention: A matter of theory. *Journal of Marital and Family Therapy, 18,* 5–16.
Goolishian, H., & Anderson, H. (1994). Narrativa y self. Algunos dilemas posmodernos de la psicoterapia [Narrative and self: Some postmodern dilemmas of psychotherapy]. In D. F. Schnitman (Ed.), *Nuevos paradigmas, cultura y subjetividad* (pp. 293–306). Buenos Aires: Paidos.
Goolishian, H., & Kivell. (1981). Including non-blood-related persons in family therapy. In A. Gurman (Ed.), *Questions and answers in the practice of family therapy* (pp. 75–79). New York: Brunner/Mazel.
Grimshaw, J. (1988). Autonomy and identity in feminist thinking. In M. Griffiths & M. Whitfield (Eds.), *Feminist perspectives in philosophy* (pp. 90–108). Bloomington: Indiana University Press.
Groeben, N. (1990). Subjective theories and the explanation of human action. In G. R. Semin & K. J. Gergen (Eds.), *Everyday understanding: Social and scientific implications* (pp. 19–44). London: Sage.
Habermas, J. (1973). *Theory and psychology.* Boston: Beacon.
Hardy, K. V. (1994). Marginalization or development? A response to

Shields, Wynne, McDaniel, and Gawinski. *Journal of Marital and Family Therapy, 20,* 139–143.

Hare-Mustin, R. (1987). The problem of gender in family therapy theory. *Journal of Marital and Family Therapy, 26,* 15–27.

Hare-Mustin, R., & Marecek, J. (1988). The meaning of difference: Gender theory, postmodernism, and psychology. *American Psychologist, 43,* 455–464.

Harré, R. (1979). *Social being: A theory for social psychology.* Oxford: Basil Blackwell.

Harré, R. (1983). *Personal being: A theory for individual psychology.* Oxford: Basil Blackwell.

Harré, R. (1995). The necessity of personhood as embodied in being. *Theory and Psychology, 5,* 369–373.

Harré, R., & Secord, P. (1972). *The explanation of social behaviour.* Oxford: Blackwell.

Heidegger, M. (1962). *Being and time* (J. Macquarrie & C. Robinson, Trans.). New York: Harper & Row.

Held, B. S., & Pols, E. (1985). The confusion about epistemology and "epistomology"—and what to do about it. *Family Process, 24,* 509–517.

Hermans, H. J. M. (1995). The limitations of logic in defining the self. *Theory and Psychology, 5,* 375–382.

Hermans, H. J. M., Kempen, H. J. G., & Van Loon, R. J. P. (1992). The dialogical self: Beyond individualism and rationalism. *American Psychologist, 47,* 23–33.

Høeg, P. (1993). *Smilla's sense of snow* (T. Nunnally, Trans.). New York: Dell.

Hoffman, L. (1971). Deviation-amplifying processes in natural groups. In J. Haley (Ed.), *Changing families.* New York: Grune & Stratton.

Hoffman, L. (1975). Enmeshment and the too richly cross-joined system. *Family Process, 14,* 457–468.

Hoffman, L. (1981). *Foundations of family therapy: A conceptual framework for systems change.* New York: Basic Books.

Hoffman, L. (1983). Diagnosis and assessment in family therapy: II. A coevolutionary framework for systemic family therapy. *Family Therapy Collections, 4,* 35–61.

Hoffman, L. (1985). Beyond power and control: Toward a "second order" family systems therapy. *Family Systems Medicine, 3,* 381–396.

Hoffman, L. (1988). Reply to Stuart Golann. *Family Process, 27,* 65–68.

Hoffman, L. (1990). Constructing realities: An art of lenses. *Family Process, 29,* 1–12.

Hoffman, L. (1991). A reflexive stance for family therapy. *Journal of Strategic and Systemic Therapies, 10(3,4),* 1–17.

Hoffman, L. (1993). *Exchanging voices: A collaborative approach to family ther-*

apy. London: Karnac Books.
Hoffman, L. (1994, October). Panel discussion at the New Voices in Human Systems: A Collaborative Conference, Northampton, Massachusetts.
Holloway, E. L. (1992). Supervision: A way of teaching and learning. In S. D. Brown & R. W. Lent (Eds.), *Handbook of counseling psychology* (2d ed., pp. 177–214). New York: Wiley.
hooks, b. (1984). *Feminist theory: From margin to center*. Boston: South End Press.
Hoshmand, L. T. (1994). *Orientation to inquiry in a reflective professional psychology*. Albany: State University of New York Press.
Hoshmand, L. T., & Polkinghorne, D. E. (1992). Redefining the science—practice relationship and professional training. *American Psychologist, 47,* 55–66.
Hoy, D. C. (1986). Must we say what we mean? The grammatological critique of hermeneutics. In B. R. Wachterhauser (Ed.), *Hermeneutics and modern philosophy* (pp. 397–415). Albany: State University of New York Press.
Hughes, J. (1988). The philosopher's child. In M. Griffiths & M. Whitford (Eds.), *Feminist perspectives in philosophy* (pp. 72–89). Bloomington: Indiana University Press.
Huyssen, A. (1990). Mapping the postmodern. In L. J. Nicholson (Ed.), *Feminism/postmodern* (pp. 234–277). New York: Routledge.
Imber-Coppersmith (Black), E. (1982). The place of family therapy in the homeostasis of larger systems. In L. R. Wolberg & M. L. Aronson (Eds.), *Group and family therapy: An overview* (pp. 216–227). New York: Brunner/Mazel.
Imber-Coppersmith (Black), E. (1983). The family and public sector systems: Interviewing and interventions. *Journal of Strategic and Systems Therapies, 2,* 38–47.
Imber-Coppersmith (Black), E. (1985). Families and multiple helpers: A systemic perspective. In D. Campbell & R. Draper (Eds.), *Applications of systemic family therapy: The Milan method*. London: Grune & Stratton.
Jackson, D. (1957). The question of family homeostasis. *Psychiatric Quarterly Supplement, 3,* 79–90.
Jackson, D. (1965). Family rules: Marital quid pro quo. *Archives of General Psychiatry, 12,* 589–594.
Jackson, D. D. (1968a). *Communication, family, and marriage: Human communication*. Vol. 1. Palo Alto, CA: Science and Behavior Books.
Jackson, D. D. (1968b). *Communication, family, and marriage: Human communication*. Vol. 2. Palo Alto, CA: Science and Behavior Books.
Jackson, S. W. (1992). The listening healer in the history of psychological healing. *American Journal of Psychiatry, 149,* 1623–1632.
Jantsch, E. (1975). *Design for evolution: Self organization and planning in the*

life of human systems. New York: Braziller.

Jones, E. E. (1986). Interpreting interpersonal behavior: The effects of expectancies. *Science, 234,* 41–46.

Jones, E. E. (1993). Afterword: An avuncular view. *Personality and Social Psychology Bulletin, 19,* 657–661.

Jordan, J. (1991). The meaning of mutuality. In J. V. Jordan, A. G. Kaplan, J. B. Miller, I. P. Stiver, & J. L. Surrey (Eds.), *Women's growth in connection: Writings from the Stone Center* (pp. 81–96). New York: Guilford.

Joy, M. (1993). Feminism and the self. *Theory and Psychology, 3,* 275–302.

Kaslow, F. W. (1980). History of family therapy in the United States: A kaleidoscopic overview. *Marriage and Family Review, 3,* 77–111.

Kearney, P. A., Byrne, N., & McCarthy, I. C. (1989). Just metaphors: Marginal illuminations in a colonial retreat. *Family Therapy Cases Studies, 4,* 17–31.

Keeney, B. P. (1979). Ecosystemic epistemology: An alternative paradigm for diagnosis. *Family Process,* 2, 17–129.

Keeney, B. P. (1982). What is an epistemology of family therapy? *Family Process, 21,* 153–168.

Keeney, B. P. (1983). Diagnosis and assessment in family therapy: IX. Ecological assessment. *Family Therapy Collections, 4,* 155–169.

Keeney, B. P., & Sprenkle, D. H. (1982). Ecosystemic epistemology: Critical implications for family therapy. *Family Process, 21,* 1–19.

Kelly, G. A. (1955). *The psychology of personal constructs* (Vols. 1–2). New York: Norton.

Kerby, A. P. (1991). *Narrative and the self.* Bloomington: Indiana University Press.

Kitzinger, C. (1987). *The social construction of lesbianism.* London: Sage.

Kitzinger, C. (1989). The regulation of lesbian identities: Liberal humanism as an ideology of social control. In J. Shotter & K. J. Gergen (Eds.), *Texts of identity* (pp. 82–98). London: Sage.

Kjellberg, E., Edwardsson, M., Niemela, B. J., & Oberg, T. (1995). Using the reflecting process with families stuck in violence and child abuse. In S. Friedman (Ed.), *The reflecting team in action* (pp. 38–61). New York: Guilford.

Kjellberg, E., Niemela, B. J., Lovenborn, G., Oberg, T., Olssen, A., & Wessel, A. (1996). The community and the clinicians co-evaluate the clinical work. Presented at The Impact of Conversations and Language on Clinical Work and Research conference, June 13–19, Sulitjelma, Norway.

Kleinman, A. (1986). *Social origins of distress and disease.* New Haven, CT: Yale University Press.

Kleinman, A. (1988a). *The illness narratives: Suffering, healing, and the human condition.* New York: Basic Books.

Kleinman, A. (1988b). *Rethinking psychiatry: From cultural category to per-*

sonal experience. New York: Free Press.
Kuhn, T. S. (1970). *The structure of scientific revolutions* (2nd rev. ed.). Chicago: University of Chicago Press.
Kvale, S. (Ed.). (1992). *Psychology and postmodernism*. London: Sage.
Kvale, S. (1996). *InterViews*. London: Sage.
Labov, W. (1972). *Language in the inner city*. Philadelphia: University of Pennsylvania Press.
Laing, R. D. (1969). *Self and others*. New York: Pantheon.
Laing, R. D., & Esterson, A. (1971). *Sanity, madness and the family*. New York: Basic Books.
Laird, J. (1989). Women and stories: Restorying women's self-constructions. In M. McGoldrick, C. Anderson, & F. Walsh (Eds.), *Women in families* (pp. 427–450). New York: Norton.
Lehtinen, U. (1993). Feelings are "patterns in the weave of our life" not a basis for feminist epistemology. *Nordic Journal of Women's Studies, 1*, 39–50.
Leppingston, R. (1991). From constructivism to social constructionism and doing critical therapy. *Human Systems, 2*, 79–103.
Levin, S. B. (1992). *Hearing the unheard: Stories of women who have been battered*. Unpublished doctoral dissertation, The Union Institute, Cincinnati, OH.
Luepnitz, D. A. (1988). *The family interpreted: Feminist theory in clinical practice*. New York: Basic Books.
Lyotard, J.-F. (1984). *The post-modern condition: A report on knowledge*. Minneapolis: University of Minnesota Press.
MacGregor, R., Ritchie, A. M., Serrano, A. C., Schuster, F. P., McDanald, E. C., & Goolishian, H. A. (1964). *Multiple impact therapy with families*. New York: McGraw-Hill.
MacKinnon, L., & Miller, D. (1987). The new epistemology and the Milan approach: Feminist and sociopolitical considerations. *Journal of Marital and Family Therapy, 13*, 139–156.
Madison, G. B. (1988). *The hermeneutics of postmodernity*. Bloomington: Indiana University Press.
Mair, M. (1988). Psychology as storytelling. *International Journal of Personal Construct Psychology, 1*, 125–137.
Maruyama, M. (1963). The second cybernetics: Deviation-amplifying mutual causal processes. *American Scientist, 51*, 164–179.
Maturana, H. (1975). The organization of the living: A theory of the living organization. *International Journal of Man-Machine Studies, 7*, 313–332.
Maturana, H. R. (1978). Biology of language: Epistemology of reality. In G. Miller & E. Lenneberg (Eds.), *Psychology and biology of language and thought* (pp. 27–63). New York: Academic Press.
Maturana, H., & Varela, F. (1980). *Autopoiesis and cognition: The realization*

of the living. Dordrecht, Holland: D. Reidel.

Maturana, H., & Varela, F. (1987). *The tree of knowledge*. Boston: New Science Library, Shambhala.

McArthur, T. (Ed.). (1992). *The Oxford companion to the English language*. Oxford: Oxford University Press.

McCarthy, I., & Byrne, N. (1988). Mis-taken love: Conversations on the problem of incest in an Irish context. *Family Process, 27*, 181–200.

McKeachie, W. J., & Kaplan, M. (1996, February). Persistent problems in evaluating college teaching. *American Association of Higher Education Bulletin*, 5–8.

McNamee, S., & Gergen, K. (Eds.). (1992). *Social construction and the therapeutic process*. Newbury Park, CA: Sage.

Mead, G. (1968). *Essays on his social philosophy* (J. W. Petras, Ed.). New York: Teachers College Press.

Mendez, C., Coddou, F., & Maturana, H. (1988). The bringing forth of pathology—radical constructivism, autopoiesis and psychotherapy. *The Irish Journal of Psychology, Special Issue, 9.*

Messer, S. B., Sass, L. A., & Woolfolk, R. L. (Eds.) (1988). *Hermeneutics and psychological theory: Interpretive perspectives on personality, psychotherapy, and psychopathology*. New Brunswick, NJ: Rutgers University Press.

Milford, N. (1972). *Zelda: A biography*. New York: Harper & Row.

Mitchell, W. J. T. (1981). *On narrative*. Chicago: University of Chicago Press.

Morse, S. J., & Gergen, K. J. (1970). Social comparison, self-consistency, and the presentation of self. *Journal of Personality and Social Psychology, 26*, 309–320.

Mueller-Vollmer, K. (Ed.) (1989). Language, mind, and artifact: An outline of hermeneutic theory since the Enlightenment. In *The hermeneutics reader* (pp. 1–53). New York: Continuum.

Murray, K. (1995). Narratology. In J. A. Smith, R. Harré, & L. Van Langenhove (Eds.), *Rethinking psychology* (pp. 179–195). London: Sage.

Nelson, K. (1989). Monologue as representation of real-life experience. In K. Nelson (Ed.), *Narratives from the crib* (pp. 27–72). Cambridge, MA: Harvard University Press.

Neufeldt, S. A., Karno, M. P., & Nelson, M. L. (1996). A qualitative study of experts' conceptualization of supervisee reflectivity. *Journal of Counseling Psychology, 43*, 3–9.

Nicholson, L. J. (Ed.) (1990). Introduction. In *Feminism/postmoderism* (pp. 1–16). New York: Routledge.

Palmer, R. (1984). Expostulations on the postmodern turn. *KRISIS, no. 2*, 140–149. Houston, TX: International Circle for Research in Philosophy.

Palmer, R. (1985). Quest for a concept of postmodernity. *kpíois/Krisis, 3–4*, 9–21.

Palmer, R. (1987). Nietzsche and the Project of Post-Modern Hermeneu-

tics. *kpíois/Krisis: Hermeneutics and Humanism, 5–6,* 3–19.
Parsons, T. (1951). *The social system*. New York: Free Press.
Penn, P., & Frankfurt, M. (1994). Creating a participant text: Writing, multiple voices, narrative multiplicity. *Family Process, 33,* 217–231.
Percy, W. (1996). Shakespeare had it easy. *The New Yorker,* June 24–July 1.
Piaget, J. (1954). *The construction of reality in the child*. New York: Basic Books.
Piaget, J. (1971). *Genetic epistemology*. New York: Norton.
Pittman, B. (1995). Cross-cultural reading and generic transformations: The chronotype of the road in Erdrich's *Love Medicine*. *American Literature, 67,* 777–792.
Polkinghorne, D. (1983). *Methodology for the human sciences: Systems of injury.* Albany: State University of New York Press.
Polkinghorne, D. (1988). *Narrative knowing and the human sciences*. Albany: State University of New York Press.
Polkinghorne, D. (1991). Two conflicting calls for methodological reform. *The Counseling Psychologist, 19,* 103–114.
Potter, J., & Wetherell, M. (1987). *Discourse and social psychology: Beyond attitudes and behaviour*. London: Sage.
Prigogene, I., & Stengers, I. (1984). *Order out of chaos: Man's new dialogue with nature*. New York: Bantam Books.
Reichelt, S., & Christensen, B. (1990). Reflections during a study on family therapy with drug addicts. *Family Process, 29,* 273–287.
Reichelt, S., & Sveaass, N. (1994). Therapy with refugee families: What is a "good" conversation? *Family Process, 33,* 247–262.
Reik, T. (1951). Listening with the third ear: The inner experience of a psychoanalyst. Garden City, NY: Garden City Books.
Rice, A. (1976). *Interview with a vampire*. New York: Ballantine Books.
Rice, A. (1990). *The witching hour*. New York: Ballantine Books.
Richardson, F. C., & Woolfolk, R. L. (1994). Social theory and values: A hermeneutic perspective. *Theory and Psychology, 4,* 99–226.
Ricoeur, P. (1988). *Time and narrative* (K. Blamey & D. Pellauer, Trans.). Chicago: University of Chicago Press.
Ricoeur, P. (1991). Narrative identity. *Philosophy Today, 35,* 3–81.
Roebeck, A. A. (1964). *History of psychology and psychiatry.* New York: Citadel Press.
Rønnestad, M. H., & Skovholt, T. M. (1993). Supervision of beginning and advanced graduate students of counseling and psychotherapy. *Journal of Counseling and Development, 71,* 396–405.
Rorty, R. (1979). *Philosophy and the mirror of nature*. Princeton, NJ: Princeton University Press.
Rosenhan, D. L. (1973). On being sane in insane places. *Science, 179,* 250–258.
Roth, S. A. (1985). Psychotherapy with lesbian couples: Individual issues,

female socialization, and the social context. *Journal of Marital and Family Therapy, 11*, 273–286.

Russell, R. L., Broek, P., Adams, S., Rosenberger, K., & Essig, T. (1993). Analyzing narratives in psychotherapy: A formal framework and empirical analyses. *Journal of Narrative and Life History, 3*, 337–360.

Ryder, R. (1987). *The realistic therapist: Modesty and relativism in therapy and research.* New Park, CA: Sage.

Saba, G. (Guest Ed.). (1985). A contextual refocus of systems therapy: An expansion of role, purpose, and responsibility. *Journal of Strategic and Systemic Therapies*, 4(2).

Sachs, O. (1985). *The man who mistook his wife for a hat*. London: Duckworth.

St. George, S. A. (1994). Multiple formats in the collaborative application of the "as if" technique in the process of family therapy supervision. *Dissertation Abstracts International, 55(9A)*, 3006–3246.

Sampson, E. E. (1981). Cognitive psychology as ideology. *American Psychologist, 36*, 730–743.

Sandifer, M. G., Hordern, A., & Green, L. M. (1970). The psychiatric interview: The impact of the first three minutes. *American Journal of Psychiatry, 126*, 968–973.

Sarbin, T. R. (1986). Emotion and act: Roles and rhetoric. In R. Harré (Ed.), *The social construction of emotions* (pp. 83–98). New York: Basil Blackwell.

Sarbin, T. R. (1990). The narrative quality of action. *Theoretical and Philosophical Psychology, 10*, 49–65.

Sass, L. A. (1992). *Madness and modernism: Insanity in the light of modern art, literature, and thought.* New York: Basic Books.

Scarr, S. (1985). Constructing psychology: Making facts and fables for our times. *American psychologist, 40*, 499–512.

Schafer, R. (1978). *Language and insight*. New Haven, CT: Yale University Press.

Schafer, R. (1981). Narration in the psychoanalytic dialogue. In W. J. T. Mitchell (Ed.), *On narrative* (pp. 25–49). Chicago: University of Chicago Press.

Schön, D. A. (1983). *The reflective practitioner: How professionals think in America*. New York: Basic Books.

Schön, D. (1987). *Educating the reflective practitioner.* San Francisco: Jossey-Bass.

Schön, D. (1991). *The reflective practitioner: Case studies in and on educational practice.* New York: Teachers College Press.

Schwartzman, J. (1984). Family therapy and the scientific method. *Family Process, 23*, 223–236.

Searle, J. R. (1992). *Searle on conversation* (Compiled by H. Parret & J. Verschueren). Amsterdam: John Benjamins.

Segal, L. (1986). *The dream of reality: Heinz von Foerster's constructivism.*

New York: Norton.

Seikkula, J. (1993). The aim of therapy is generating dialogue: Bakhtin and Vygotsky in family system. *Human Systems Journal, 4,* 33–48.

Selvini-Palazzoli, M., Boscolo, L., Cecchin, G., & Prata, G. (1978). *Paradox and counterparadox.* New York: Jason Aronson.

Selvini-Palazzoli, M., Boscolo, L., Cecchin, G., & Prata, G. (1980a). Hypothesizing, circularity, and neutrality: Three guidelines for the conductor of the interview. *Family Process, 19,* 3–12.

Selvini-Palazzoli, M., Boscolo, L., Cecchin, G., & Prata, G. (1980b). The problem of the referring person. *Journal of Marital and Family Therapy, 6,* 3–9.

Selvini-Palazzoli, M., & Prata, G. (1982). Snares in family therapy. *Journal of Marital and Family Therapy, 8,* 443–450.

Semin, G. R. (1990). Everyday assumptions, language and personality. In G. R. Semin & K. J. Gergen (Eds.), *Everyday understanding: Social and scientific implications* (pp. 151–175). London: Sage.

Shapiro, G., & Sica, A. (Eds.). (1984). Introduction. In *Hermeneutics* (pp. 1–21). Amherst: University of Massachusetts Press.

Sherwin, R. K. (1993). Lawyering theory: An overview of what we talk about when we talk about law. *New York Law School Law Review, 37,* 9–53.

Shields, C. (1986). Critiquing the new epistemologies: Toward minimum requirements for a scientific theory of family therapy. *Journal of Marital and Family Therapy, 12,* 359–372.

Shields, C. G., Wynne, L. C., McDaniel, S. H., & Gawinski, B. A. (1994). The marginalization of family therapy: A historical and continuing problem. *Journal of Marital and Family Therapy, 20,* 117–138.

Shotter, J. (1974). What is it to be human? In N. Armistead (Ed.), *Reconstructing social psychology.* Harmondsworth: Penguin.

Shotter, J. (1975). *Images of man in psychological research.* London: Methuen.

Shotter, J. (1984). *Social accountability and selfhood.* Oxford: Blackwell.

Shotter, J. (1985). Social accountability and self specification. In K. J. Gergen & E. Davis (Eds.), *The social construction of a person.* New York: Springer-Verlag.

Shotter, J. (1987). The social construction of an 'us': Problems of accountability and narratology. In R. Burnett, P. McGee, & D. Clarke (Eds.), *Accounting for personal relationships: Social representations of interpersonal links.* London: Methuen.

Shotter, J. (1988). *Real and counterfeit constructions in interpersonal relations.* Paper presented at the Don Bannister Memorial Conference, Metaphors in Life and Psychotherapy, London Institute of Group Analysis.

Shotter, J. (1989). Social accountability and the social construction of "you." In J. Shotter & K. J. Gergen (Eds.), *Texts of identity* (pp. 133–151).

London: Sage.
Shotter, J. (1990). *Knowing of the third kind.* Utrecht: ISOR.
Shotter, J. (1991a, May). *Consultant re-authoring: The "making" and "finding" of narrative constructions.* Paper presented at the Houston–Galveston Conference on Narrative and Psychotherapy: New Directions in Theory and Practice, Houston, TX.
Shotter, J. (1991b). Rhetoric and the social construction of cognitivism. *Theory and Psychology, 1,* 495–513.
Shotter, J. (1993a). *Conversational realities: Constructing life through language.* London: Sage.
Shotter, J. (1993b). *Cultural politics of everyday life.* Toronto: University of Toronto Press.
Shotter, J. (1994). Making sense on the boundaries: On moving between philosophy and psychotherapy. In A. P. Griffiths (Ed.), *Philosophy, psychiatry, and psychology* (pp. 55–72). Cambridge, MA: Cambridge University Press.
Shotter, J. (1995a). A "show" of agency is enough. *Theory and Psychology, 5,* 383–390.
Shotter, J. (1995b). In conversation: Joint action, shared intentionality and ethics. *Theory and Psychology, 5,* 49–73.
Shotter, J., & Gergen, K. J. (Eds.) (1989). *Texts of identity.* London: Sage.
Simon, G. M. (1992). Having a second-order mind while doing first-order therapy. *Journal of Marital and Family Therapy, 18,* 377–387.
Simons, H. W., & Billig, M. (1994). *After postmodernism: Reconstructing ideology critique.* London: Sage.
Slife, B. D. (1993). *Time and psychological explanation.* Albany: State University of New York Press.
Sluzki, C. E., & Ransom, D. C. (Eds.). (1976). *The double bind: The foundation of the communication approach to the family.* New York: Grune & Stratton.
Smedslund, J. (1978). Bandura's theory of self-efficacy: A set of common sense theories. *Scandinavian Journal of Psychology, 19,* 1–14.
Smedslund, J. (1988). *Psycho-logic.* New York: Springer-Verlag.
Smedslund, J. (1990). Psychology and psychologic: Characterization of the difference. In G. R. Semin & K. J. Gergen (Eds.), *Everyday understanding: Social and scientific implications* (pp. 45–63). London: Sage.
Smedslund, J. (1993). How shall the concept of anger be defined? *Theory & Psychology, 3,* 5–34.
Smith, D. (1988). *Interpretation theory: Freud and Ricoeur.* Paper presented at the American Psychological Association Meeting, Washington, DC.
Smith, J. A., Harré, R., & Van Langenhove, L. (1995). *Rethinking psychology.* London: Sage.
Snyder, M. (1984). *When belief creates reality.* San Diego: Academic Press.
Snyder, M. & Thomsen, C. J. (1988). Interactions between therapists and

clients: Hypothesis testing and behavioral confirmation. In D. C. Turk & P. Salovey (Eds.), *Reasoning, inference, and judgment in clinical psychology* (pp. 124–152). New York: Free Press.

Spanos, W. (1985). Postmodern literature and its occasion: Towards a "definition." *kpíois/Krisis, 3–4,* 54–76.

Speed, B. (1984). How really real is real and rejoinder. *Family Process, 23,* 511–520.

Speer, A. (1970). Family systems: Morphostasis and morphogenesis, or "Is homeostasis enough?" *Family Process, 9,* 259–278.

Spence, D. (1984). *Narrative truth and historical truth: Meaning and interpretation in psychoanalysis*. New York: Norton.

Spolin, V. (1963). *Improvisations for the theater.* Chicago: Northwestern University Press.

Stanfield, S., Matthews, K. L., & Heatherly, V. (1993). What do excellent psychotherapy supervisors do? *American Journal of Psychiatry, 150,* 1081–1084.

Surrey, J. L. (1991). Relationship and empowerment. In J. V. Jordan, A. G. Kaplan, J. B. Miller, I. P. Stiver, & J. L. Surrey (Eds.), *Women's growth in connection: Writings from the stone center* (pp. 162–180). New York: Guilford.

Sylvester, D. (1985). A note in reply to the questionnaire on postmodernism. *kpíois/Krisis, 3–4,* 232.

Szasz, T. S. (1961). *The myth of mental illness*. New York: Hoeber-Harper.

Taggart, M. (1985). The feminist critique in epistemological perspective: Questions of context in family therapy. *Journal of Marital and Family Therapy, 11,* 113–126.

Tannen, D. (1990). *You just don't understand me: Women and men in conversation*. New York: Ballantine Books.

Taylor, C. (1989). *Sources of the self: The making of the modern identity*. Cambridge, MA: Harvard University Press.

Terwee, S. (1988). Need rhetorical analysis lead to relativism? An examination of the views of K. J. Gergen. In W. J. Baker, L. P. Mos, H. V. Rappard, & H. J. Stan (Eds.), *Recent trends in theoretical psychology* (pp. 15–27). New York: Springer-Verlag.

Tjersland, O. A. (1990). From universe to multiverses—and back again. *Family Process, 29,* 385–397.

Tolstoy, L. (1967). On teaching the rudiments. In L. Weiner (Ed.), *Tolstoy on education.* London: University of London Press.

Toombs, S. K. (1990). The temporality of illness: Four levels of experience. *Theoretical Medicine, 11,* 227–241.

Turner, V. (1980). Social dramas and stories about them. *Critical Inquiry, 7,* 141–168.

van der Merwe, W. L., & Voestermans, P. P. (1995). Wittgenstein's legacy and the challenge to psychology. *Theory and Psychology, 5,* 5–26.

von Foerster, H. (1982). *Observing systems*. Seaside: Intersystems Publications.

von Foerster, H. (1984). On constructing a reality. In P. Watzlawick (Ed.), *The invented reality* (pp. 41–61). New York: Norton.

von Glasersfeld, E. (1984). An introduction to radical constructivism. In P. Watzlawick (Ed.), *The invented reality* (pp. 13–40). New York: Norton.

von Glasersfeld, E. (1987). The control of perception and the construction of reality. *Dialectica, 33*, 37–50.

Vygotsky, L. S. (1962). *Thought and language* (E. Hanfmann & G. Vakar, Ed. and Trans.). Cambridge, MA: MIT Press. (Original work published in 1934)

Vygotsky, L. S. (1966). Development of the higher mental functions. In A. N. Leont'ev, A. R. Luria, & A. Smirnov (Eds.), *Psychological research in the USSR*. Moscow: Progress Publishers.

Vygotsky, L. S. (1986). *Thought and language* (rev. ed.) (A. Kozulin, Trans.). Cambridge, MA: MIT Press. (Original work published 1934)

Wachterhauser, B. R. (Ed.) (1986a). Introduction: History and language in understanding. In *Hermeneutics and modern philosophy* (pp. 5–61). Albany: State University of New York Press.

Wachterhauser, B. R. (Ed.) (1986b). Must we be what we say? Gadamer on truth in the human sciences. In *Hermeneutics and modern philosophy* (pp. 219–240). Albany: State University of New York Press.

Warneke, G. (1987). *Gadamer: hermeneutics, tradition and reason*. Stanford, CA: Stanford University Press.

Watzlawick, P. (1976). *How real is real?* New York: Vintage Books.

Watzlawick, P. (1977). *The interactional view: Studies at the Mental Research Institute Palo Alto, 1965–74*. New York: Norton.

Watzlawick, P. (Ed.). (1984). *The invented reality*. New York: Norton.

Watzlawick, P., Beaven, J. H., & Jackson, D. D. (1967). *Pragmatics of human communication*. New York: Norton.

Watzlawick, P., Weakland, J., & Fisch, R. (1974). *Change: Principles of problem formation and problem resolution*. New York: Norton.

Weakland, J., Fisch, R., Watzlawick, P., & Bodin, A. M. (1974). Brief-therapy: Focused problem resolution. *Family Process, 13*, 141–168.

Weingarten, K. (1991). The discourses of intimacy: Adding a social constructionist and feminist view. *Family Process, 30*, 285–305.

Weingarten, K. (Ed.). (1995). *Cultural resistance: Challenging beliefs about men, women, and therapy*. New York: Harrington Park Press.

White, H. (1980). The values of narrativity in the prepresentation of reality. *Critical Inquiry, 7*, 5–27.

White, M. (1995). *Re-authoring lives*. Adelaide, Australia: Dulwich Centre.

White, M., & Epston, D. (1990). *Narrative means to therapeutic ends*. New York: Norton.

Wile, D. B. (1977). Ideological conflicts between clients and psychotherapists. *American Journal of Psychotherapy, 31*, 437–449.

Wilkins, A. (1983). Organizational stories as symbols which control the organization. In L. R. Pondy, P. J. Frost, G. Morgan, & T. C. Dandridge (Eds.), *Organizational symbolism* (pp. 81–92). Greenwich, CT: JAI Press.

Wittgenstein, L. (1961). *Tractatus logico-philosophicus* (D. Pears & B. McGuiness, Trans.). London: Routledge and Kegan Paul. (Original work published in 1922)

Woolfolk, R. L., Sass, L. A., & Messer, S. B. (1988). Introduction to hermeneutics. In S. B. Messer, L. A. Sass, & R. L. Woolfolk (Eds.), *Hermeneutics and psychological theory: Interpretive perspectives on personality, psychotherapy, and psychopathology* (pp. 2–26). New Brunswick, NJ: Rutgers University Press.

著者略歴

ハーレーン・アンダーソン *Harlene Anderson*

一九四二年生まれ。Houston-Galveston Institute および Taos Institute を共同設立。『協働するナラティヴ』（遠見書房）の共著者。ポストモダン・ファミリーセラピーの第一人者の一人。コラボレイティヴ・アプローチで現在国際的に活躍中。

訳者略歴

野村直樹（のむら・なおき）

名古屋市立大学大学院人間文化研究科特任教授。スタンフォード大学博士課程卒業、文化人類学、Ph.D.。

主な著作　『協働するナラティヴ』（遠見書房・2013［共著・訳］）、『みんなのベイトソン』（金剛出版・2012［単著］）、『ナラティヴ・時間・コミュニケーション』（遠見書房・2010［単著］）ほか。

青木義子（あおき・よしこ）

こころの相談室・コラソン室長、ノースウェスタン大学大学院卒業、M.A.、臨床心理士。

主な著作　「国際的学力の探究」（『国際バカロレアの理念と課題』（創友社・1989））、「食事と家族」（『こころの科学』85「現代の家族」（日本評論社・1999））ほか。

吉川　悟（よしかわ・さとる）

龍谷大学文学部臨床心理学科教授。システムズアプローチ研究所顧問。和光大学人文学部卒業。臨床心理士。

主な著作　『セラピーをスリムにする！――ブリーフセラピー入門』（金剛出版・2004［単著］）、『システムズアプローチによる家族療法のすすめ方』（ミネルヴァ書房・2001［共著］）、『ナラティヴ・セラピー入門』（金剛出版・2001［共著］）ほか。

翻訳協力者

市橋香代（いちはし・かよ）
東京大学医学部附属病院精神神経科

衣斐哲臣（いび・てつおみ）
和歌山大学教育学部教職大学院

加来洋一（かく・よういち）
山口県立こころの医療センター

唐津尚子（からつ・ひさこ）
システムズアプローチ研究所／コミュニケーション・ケアセンター

坂本真佐哉（さかもと・まさや）
神戸松蔭女子学院大学人間科学部心理学科

阪　幸江（さか・ゆきえ）
システムズアプローチ研究所／コミュニケーション・ケアセンター

高橋規子（たかはし・のりこ）
元心理技術研究所所長

中西善久（なかにし・よしひさ）
中西心療内科・内科医院

林　祐造（はやしゆうぞう）
菜の花心療クリニック

前田泰宏（まえだ・やすひろ）
奈良大学社会学部心理学科名誉教授

町田英世（まちだ・ひでよ）
まちだクリニック

村上雅彦（むらかみ・まさひこ）
広島ファミリールーム

村田武司（むらた・たけし）
心理／教育／コミュニケーション研究所

矢野かおり（やの・かおり）
システムズアプローチ研究所／コミュニケーション・ケアセンター

吉田晴美（よしだ・はるみ）
元大手前ファミリールーム所長

新装版《しんそうばん》 会話《かいわ》・言語《げんご》・そして可能性《かのうせい》

コラボレイティヴとは? セラピーとは?

2001年11月15日　初版発行
2019年 7 月30日　新装版発行

著者 ―― ハーレーン・アンダーソン
訳者 ―― 野村直樹 青木義子 吉川 悟

発行者 ―― 立石正信
発行所 ―― 株式会社 金剛出版
〒112-0005 東京都文京区水道1-5-16
電話 03-3815-6661 振替 00120-6-34848

印刷・製本⦿デジタルパブリッシングサービス

ISBN978-4-7724-1706-8 C3011

［新装版］リフレクティング・プロセス

会話における会話と会話

トム・アンデルセン＝著

鈴木浩二＝監訳

一九九〇年代の家族療法を位置づける鍵概念となり、同時に実践方法ともなった「リフレクティング・チーム」を、その後の発展を踏まえて再構成。

A5版　並製　176頁　本体3200円＋税